OBSERVATIONS

SUR LES

BASES DE LA CONSTITUTION

Proposée à l'Assemblée nationale

LE 19 JUIN 1848,

PAR M. DE SAINT-CHAMANS.

PARIS,

CHEZ J. DENTU, LIBRAIRE,

Palais-National, galerie vitrée, n. 13 et 43.

1848

OBSERVATIONS

SUR LES

BASES DE LA CONSTITUTION

PROPOSÉE A L'ASSEMBLÉE NATIONALE

LE 19 JUIN 1848.

IMPRIMERIE DE GUIRAUDET ET JOUAUST,
315, RUE SAINT-HONORÉ.

OBSERVATIONS

SUR LES

BASES DE LA CONSTITUTION

Proposée à l'Assemblée nationale

LE 19 JUIN 1848,

PAR M. DE SAINT-CHAMANS.

━━━━◆◆◆━━━━

PARIS,

CHEZ J. DENTU, LIBRAIRE,

Palais-National, galerie vitrée, n. 13 et 43.

1848

AVERTISSEMENT.

Jamais mission plus importante ne fut confiée à des hommes, que celle de fixer les institutions d'où doivent dépendre les futures destinées d'un grand peuple ; jamais une nation n'eut plus besoin de rassembler pour une si grande œuvre toutes les lumières qui sont dans son sein, de recueillir tous les avis. Dans de semblables circonstances, je regarde comme un devoir pour tous ceux qui croient avoir des idées utiles à émettre, des idées fausses à redresser, d'apporter leur tribut à leur pays : c'est ce devoir que je veux remplir.

Il n'y a rien d'établi en France jusqu'à présent que la République : la République a été proclamée, non point par le peuple de Paris, non point par onze citoyens de Paris, qui n'avaient pas qualité pour cela, mais par l'Assemblée chargée de tous les pouvoirs de la nation, dans sa première séance. Sur cette base, tout est à créer. La Constitution qui doit opérer cette création nouvelle peut tout sauver ou tout perdre en France. Dès que j'ai connu le projet de Constitution présenté à l'Assemblée, j'ai commencé cet écrit ; je pensais qu'au milieu de la licence effrénée de la presse il était permis de tout dire, même la vérité. Cet écrit était près d'être achevé, lorsque les circonstances amenèrent l'état de siége et la suspension de plusieurs journaux de diverses couleurs. Je n'ambitionne pas les honneurs et la célébrité de la persécution, et je n'étais pas assez sûr que ma couleur fût agréable au pouvoir : j'ajournai donc la publication de cet écrit, ne voulant pas m'exposer aux actes arbitraires quoique légaux de l'état de siége. J'ai attendu que la loi annoncée sur la presse fixât les limites dans lesquelles il faut restreindre sa pensée ; j'espère ne les avoir pas dépassées. Dans les Cent-Jours, et à une autre époque, en 1832, j'ai défendu le gouvernement de la branche aînée des Bourbons dans un écrit signé. L'empereur et son ministre Fouché ne m'ont point tourmenté pour cette brochure en 1815, et la justice de Louis-Philippe ne m'a point poursuivi en 1832. Serais-je moins heureux en 1848, et serait-il moins permis de dire franchement ce qu'on pense sous la République que sous l'Empire et sous la Royauté déchue ? Il n'y a pas lieu de le croire, car j'ai entendu dire que nous avions choisi la République pour avoir une plus grande somme de liberté que sous les gouvernements précédents.

Il me reste une observation à faire. Mes opinions ont toujours été indépendantes, même de celles de mon parti sur certains points ; celles qui sont exprimées dans cet écrit sont les miennes seulement, et je doute qu'elles fussent avouées en totalité par aucun autre : on ne peut donc en faire de reproches à personne, ni en tirer des arguments contre aucun parti. Je dis ce que je pense sans engager qui que ce soit, et c'est sur moi seul que doit tomber toute la responsabilité de ce que je dis ici.

POST-SCRIPTUM.

Il n'y a rien de mouvant comme le sol des Républiques ; on ne sait jamais sur quoi compter. Il n'y avait pas huit jours que cet avertissement était écrit, quand la suppression nouvelle de quatre journaux est venue changer l'état des choses, et prouver que, malgré la publication de la loi de la presse, l'état de siége continuait à lui être applicable. Une autre preuve en fut donnée peu de jours après, par la suppression d'un cinquième journal d'une autre opinion : car les plus grands gouvernements ont de la peine à se passer des petits moyens du

système de bascule inventé sous la monarchie. Les mêmes
raisons qui m'avaient fait une fois suspendre la publication de
cet écrit subsistaient donc, et j'eus d'abord la pensée de l'a-
journer encore. Deux considérations m'ont fait renoncer à
cette idée : l'une, qu'en supposant que dans le cas d'une con-
spiration flagrante et agissante l'on dût user des moyens ex-
tra-légaux fournis par l'état de siége pour arrêter les écrivains
et les journaux qu'on accuse d'en être les complices et les in-
struments, l'on ne pourrait concevoir qu'à l'égard de discussions théoriques sur les divers gouvernements, sans provoca-
tion à la révolte, la loi de la presse ne fût pas suffisante, si
toutefois la loi pouvait défendre la discussion des théories. Le
National ne le pense pas, et discutait, il y a peu de jours,
les avantages et les inconvénients de la république et de la
monarchie : ne serait-il permis d'en faire autant que si
on concluait dans le sens du pouvoir régnant? Ce serait encore
une particularité à ajouter à l'histoire des libertés républicaines ; mais il serait certainement injuste de le penser. La seconde considération, c'est que la discussion de la Constitution
va commencer, et que plus tard ces réflexions deviendraient
inutiles. Il me paraît nécessaire de représenter à l'Assemblée
nationale que la France a demandé partout une République
honnête et modérée, et n'en veut pas d'autre ; que la République démocratique, qui a toujours été le cri de l'émeute, n'a été
inscrite jusqu'ici que sur les drapeaux des anarchistes, et dans
le projet de Constitution ; que la Constitution qu'on destine à
la France lui arrive par une filiation propre à l'effrayer ; qu'en
effet, la Commission de constitution l'a reçue du Gouvernement
provisoire dans ses principaux articles, fidèlement conservés ,
tels que le suffrage universel, l'introduction de toute la population sans exception dans la garde nationale , l'Assemblée u-
nique, le droit au travail, le droit à l'instruction gratuite de

l'Etat, le droit de réunion comprenant les clubs ; que le
Gouvernement provisoire avait reçu ces principes des anarchistes et des clubs par l'influence de ceux de ses membres qui
appartenaient à la République rouge ou au socialisme ou au
républicanisme exalté, lesquels dominaient la majorité par la
puissante pression de cette force matérielle maîtresse de Paris
alors, et à laquelle le Gouvernement provisoire n'avait rien à
opposer, faits qui résultent des dépositions faites à la Commission d'enquête par les membres mêmes du Gouvernement provisoire ; qu'ainsi, si l'Assemblée nationale conservait aussi
soigneusement ces articles nés du désordre qui avait précédé
sa réunion, et les recevait aussi docilement de la Commission
de constitution que celle-ci les avait reçus du Gouvernement
provisoire, il s'ensuivrait que la France devrait sa Constitution à la volonté des anarchistes. Et c'est ce qui expliquerait
pourquoi les chefs d'émeute, les socialistes et les communis-
tes, ne se sont pas plaints de la Constitution proposée ; les
premiers, sans doute parcequ'elle leur préparait des soldats,
les autres, parcequ'il suffirait de l'exécuter entièrement et de
tirer toutes les conséquences d'un seul article, le droit au travail,
pour qu'ils atteignissent leur but et parvinssent à la spoliation
qu'ils réclament. C'est aux représentants de la nation à nous
préserver de ces malheurs, en refaisant, sur un nouveau plan,
la Constitution démocratique qui leur est présentée, œuvre
des anarchistes avec intention qui veulent le renversement de
la société, et des anarchistes involontaires qu'on nomme utopistes, qui nous mèneraient rapidement au même dénouement
sans y avoir visé.

OBSERVATIONS

SUR LES

BASES DE LA CONSTITUTION

Proposée à l'Assemblée nationale

LE 19 JUIN 1848.

Je n'ai point l'intention d'examiner et de discuter dans tous ses détails la Constitution qui vient d'être proposée pour la France par la commission de constitution ; je ne m'occuperai que des principaux articles qui en forment les bases fondamentales, et du caractère général qui domine tout l'ensemble. Mais, avant d'entrer dans cet examen, il est nécessaire d'établir quelle est la vraie situation de la France : c'est le seul moyen de s'assurer que cette Constitution s'accorde avec ses vœux et sa volonté. Je vais indiquer successivement : 1° la situation telle que l'ont présentée les républicains de la veille ; 2° la situation telle qu'elle aurait dû être ; 3° la situation telle qu'elle est. Je ne cherche ici que la vérité, et je la dirai comme je la vois.

*I. — Situation de la France telle que l'ont présentée
les républicains de la veille.*

Voici ce qu'ont dit et répété sans cesse les républicains de la veille : « Le 24 février 1848, Paris a
proclamé avec enthousiasme la république ; à la première nouvelle de cette révolution, tous les départements ont accueilli avec enthousiasme la république :
ainsi la France entière a voulu la république. Cette république que veut la France, c'est la république démocratique, le plus largement démocratique. Puisque
le peuple a proclamé la république, ce mot implique
république démocratique ; il ne peut pas y en avoir
d'autre. Ces points sont définitivement arrêtés ; et
lorsqu'on a convoqué le peuple pour les élections,
lorsque l'Assemblée nationale s'est réunie, il n'était
plus question de la mettre en délibération. La mission de l'Assemblée *dite* constituante, chargée par le
suffrage universel des pouvoirs de la nation entière,
n'était donc point d'examiner quel gouvernement la
France veut se donner, et de prononcer en son nom
sur cette immense question : car la question était
décidée par le peuple, et la république adoptée par
lui. Il ne s'agissait pas non plus de chercher quelle
république convient le mieux à la France, car la république démocratique était décidée par le peuple.
L'Assemblée nationale constituante n'a donc d'autre

mission que de rédiger les articles de la Constitution d'après ce programme. » Tel était le langage des journaux des républicains de la veille, en dégradant depuis le *National* jusqu'au *Journal de Robespierre*, au *Peuple constituant* ou au *Bonnet rouge adressé aux sans-culottes*. Tel fut aussi le langage tenu dans les discours et les circulaires du Gouvernement provisoire, et tel est encore celui de la fraction de l'Assemblée où dominent les commissaires et sous-commissaires. Voilà ce que ces journaux, ces gouvernants provisoires, ces représentants, présentaient comme des faits incontestables.

Voyons si cet exposé est conforme à la vérité. Une émeute a eu lieu aux cris de : Vive la réforme ! à bas M. Guizot ! à bas les ministres ! et elle a triomphé, grâce à l'inaction de la garde nationale, prête à faire entendre les mêmes cris, et à l'hésitation des troupes de ligne, qui n'aiment pas à se séparer de la garde nationale. Il y avait depuis plusieurs années dans Paris un corps d'*émeutiers* républicains secrètement organisés et enrégimentés, guettant les moindres troubles qui surviendraient, sous quelque prétexte que ce fût, et prêts à s'y joindre, avec leurs rôles et leurs places fixés d'avance, pour pousser toute sédition jusqu'à une révolution républicaine. On a porté ce corps à six mille, ou même à dix mille personnes. Au moment du triomphe, ce corps, au signal de ses chefs, secondé par quelques journalistes, avocats, et théoristes de tous états, au nombre d'un millier tout au plus, écartèrent le cri de Vive la Régence ! qu'on leur proposait, et crièrent : Vive la République ! Voilà peut-être le faible nombre de ceux qui désiraient d'avance la république et travaillaient pour elle dans Paris. Le reste de l'émeute, composé en partie de cette fraction turbulente du peuple que le tumulte de la rue fait sortir de terre dans les grandes capitales, en partie de ces jeunes gens et demi-enfants qui aiment l'imprévu, le mouvement, et l'odeur de la poudre, se laissa facilement entraîner, par les républicains dispersés au milieu d'eux, à répondre à leur cri, et à proclamer la république, à laquelle la plupart d'entre eux n'avaient jamais songé. Un pouvoir fut aussitôt installé, sur l'indication des meneurs, et quelques poètes, savants, historiens, journalistes et avocats, qui se trouvèrent sous la main, furent chargés du gouvernement provisoire de la France. Ceux qui disposèrent ainsi des destinées de notre belle et noble patrie étaient peut-être au nombre de trente ou quarante mille, cinquante mille, si l'on veut, et même j'en accorderai cent mille, pour éviter toute discussion. Le reste de la population, et particulièrement la garde nationale, vit l'avénement de la République avec surprise d'abord, bientôt avec défaveur; ce qui fut évident au bout de quelques jours. Ce serait à tort qu'on voudrait voir dans l'empressement avec lequel tous les habitants de Paris se firent inscrire dans la garde nationale, et dans le zèle avec lequel ils en firent le service, l'effet de leur ardeur pour la république : c'était plutôt une marque de défiance contre elle. Les troupes, désarmées et chassées de la capitale, l'avaient laissée livrée aux passions populaires ; d'effrayants souvenirs se mêlaient au nom de la république ; de mauvaises passions étaient remuées et déchaînées ; on armait des forces dangereuses, et il ne restait plus de digues à opposer au torrent dont on s'était servi pour renverser. On sentit la nécessité de[se défendre soi-même au défaut d'une autorité sans force, d'agir sans le gouvernement, peut-être même contre le gouvernement. Cette pensée fut la même dans toute la France : on s'unit, on s'arma, décidé à défendre sa personne et ses biens contre les hordes turbulentes vomies, par les clubs, et quelquefois aussi par les agents du pouvoir, qui s'en faisaient des satellites pour mater les honnêtes gens et dominer les élections. C'est à ces dispositions unanimes des gardes nationales de toute la France qu'on doit ce qu'on a pu conserver de tranquillité et de sûreté au milieu des désordres d'une anarchie encouragée non moins par les principes que par la faiblesse de l'autorité. Pour ce qui regarde Paris, l'on ne peut voir dans l'élan de la garde nationale une preuve de l'enthousiasme de tous ses habitants pour la république. La vérité est que cet enthousiasme n'éclata à Paris que de la part d'une fraction qui, fût-elle portée à cent mille hommes, ne formera que la minorité de la population.

Est-il plus vrai de dire que toutes les provinces de France ont accueilli et proclamé la république avec enthousiasme? Cette assertion est au contraire bien plus évidemment fausse que la première. Je ne dirai pas seulement que l'établissement de la république a été accueilli presque partout avec froideur, je dirai que l'impression générale, à cette nouvelle, dans les départements, a été celle de la stupeur et de l'effroi. L'on s'est soumis, parce qu'on a l'habitude de se soumettre à tout ordre qui vient de Paris, quoique cependant tout ce qu'il y a en province de cœurs nobles, d'hommes capables de sentir, frémit d'indignation d'être forcé de changer de gouvernement, de faire et défaire les trônes au moindre signe et suivant le caprice d'une fraction du peuple de Paris, et de se voir ravalés au rôle de vassaux de cette nouvelle espèce de seigneurs féodaux en blouses. L'on obéit en silence, ou plutôt on laissa faire. Dans les grandes villes, dans la plupart des préfectures, quelques avocats, médecins ou autres, en très petit nombre, qui formaient le parti républicain, se mirent à la tête de la partie mouvante du peuple et d'un détachement de cette armée, si renommée aujourd'hui, des *gamins*, et firent quelques démonstrations, auxquelles la masse de la population ne prit aucune part. Mais dans les autres villes et dans les campagnes, à très peu d'exceptions près, l'on ne rencontrait que des visages sombres et inquiets. La république, bien loin d'exciter des transports d'enthousiasme, refoula dans les cœurs la joie que causa d'abord en beaucoup de lieux la chute d'un gouvernement peu regrettable. Où donc aurait-on trouvé tant d'enthousiastes de la république, puisque les républicains eux-mêmes déclarent qu'ils étaient très peu nombreux en France avant le 24 février ? Ils n'auraient pas établi si fièrement leur titre de républicains de la veille, si ce titre était si commun. Mais, au défaut de l'enthousiasme général, ils donnent comme une preuve que la France entière a voulu la république le fait que son établissement n'a rencontré de résistance nulle part. Il faudrait conclure de ce raisonnement que la France a voulu tous les gouvernements, tous les revirements qu'elle a eus depuis soixante ans : la royauté constitutionnelle et sa destruction au 10 août, la terreur et le 9 thermidor, la république démocratique et l'empire despotique, la royauté légitime et la royauté illégitime, enfin tous les contraires. Cette soumission des provinces, même à ce qui n'a pas leur assentiment, s'explique facilement par l'excès de la centralisation, qui a établi la domination du pouvoir siégeant à Paris sur les départements pour les moindres détails de l'administration comme pour les plus importantes affaires, et aussi par la division de la France en tant de petites parcelles : d'où il résulte qu'un département, un quatre-vingt-sixième de la France, ne peut pas entreprendre seul [de refuser l'obéissance et d'élever le premier le drapeau de la résistance au nouveau pouvoir qui s'est installé dans Paris. C'est sur cette question que le parti républicain a commencé à entrer dans ces mêmes voies de déception qu'il avait tant reprochées au gouvernement de Louis-Philippe, et qu'il a fort élargies depuis, lors des élections. Ce parti avait dit et répété cent fois que Louis-Philippe n'avait point fait consacrer sa nouvelle royauté par le suffrage de la nation, dont il avait proclamé la souveraineté en tête de la Charte; qu'il aurait dû la consulter, et qu'on ne pouvait lui reconnaître un droit tiré seulement du silence de la France. Ce gouvernement, cependant, pouvait alléguer l'adhésion, au nom de la nation, de ses fantômes de chambres, quoiqu'elles fussent mutilées et sans aucun pouvoir spécial. Mais ici l'apparence n'est même pas sauvée : point de Chambres, point de corps qui aient délibéré et voté; et c'est une bien plus complète et plus amère dérision pour la France que de fonder l'établissement de la république sur la muette adhésion et le silencieux enthousiasme des départements. La république donc, jusqu'à la réunion de l'Assemblée nationale, ne fut assise en France, comme le trône de Louis-Philippe, que sur le proverbe vulgaire *Qui ne dit mot consent*. Cette seconde assertion « que la république a été accueillie des provinces avec transport, et que la France entière a voulu la républi-

que », est donc encore plus évidemment fausse que
la première.

Ce n'est qu'au bout de quelques jours qu'on s'est
avisé du vœu ou plutôt de la volonté de la France
d'avoir une république *démocratique*. Comment la
France a–t-elle fait connaître sa volonté? Par ses interprètes ordinaires et spontanés, les journaux du
parti et les gouvernants, qui, les uns et les autres,
n'avaient pas plus de titres pour faire de la France
une république démocratique que pour en faire une
république. Ils ne prononcèrent plus, dès lors, le
mot république, sans y joindre le mot démocratique.
Les initiés crièrent partout : Vive la République démocratique! Le cri des rues devint : Vive la République démocratique! Mais l'Assemblée nationale, la
garde nationale de Paris et celles des provinces, se
contentèrent de crier : Vive la République! Le *Na-*
tional et les autres journaux plus avancés brodèrent
de toutes les façons ce thème, que, qui dit république, dit démocratique; qu'il n'y a pas et qu'il ne
peut pas y avoir d'autres républiques que des républiques démocratiques. Sans doute, ces journaux savent pour qui ils écrivent; car, il faut bien compter
sur l'ignorance de ses lecteurs pour mettre en avant
de pareilles propositions. Sans chercher dans l'histoire cent exemples contraires, et sans parler de la
république de Venise, qui même était plutôt une
oligarchie qu'une aristocratie, je citerai seulement

la plus fameuse des républiques, la république romaine, qui fut si florissante, si prospère, si libre, tant qu'elle fut république aristocratique et que les patriciens et le sénat eurent la principale direction des affaires; et qui, lorsque les plébéiens prirent plus d'influence dans le gouvernement, arriva en peu de temps au dénouement le plus ordinaire des républiques démocratiques, au despotisme militaire, à Marius, Sylla, César, et la suite des empereurs; comme la république anglaise aboutit à Cromwell, et la république française à Bonaparte. Cette troisième assertion, que la France a voulu et proclamé la république démocratique ne peut être avancée sous le moindre prétexte, ne peut être appuyée sur la plus légère preuve. Suivons la République actuelle depuis son origine. Le peuple de Paris a crié sur les places publiques : Vive la République ! sans y ajouter aucune épithète. Le Gouvernement provisoire a proclamé la république, simplement, sauf la ratification de la nation; l'Assemblée nationale a proclamé la république, également sans rien ajouter à ce mot. De quel droit donc vient-on nous dire que le peuple demande, que le peuple veut la république démocratique; que ce point a été décidé par le peuple, et que la seule mission de l'Assemblée nationale est d'homologuer et d'enregistrer cette volonté du peuple. J'ai ici une observation très importante à faire, car, il s'agit d'une définition. L'on a vu trop souvent que la confusion des mots entraîne la confusion des idées, et que de longues et sanglantes querelles religieuses et politiques ont eu pour causes des mots dont le sens était diversement interprété. Le mot *peuple* a deux sens en français : il signifie toute la nation, le *peuple* français ; il est aussi employé dans un sens plus restreint, et ne comprend alors qu'une classe, une fraction de la nation, la classe pauvre. Lorque l'on parle de la souveraineté du peuple, il n'est évidemment question que de la souveraineté de la nation tout entière. Et, cependant, il ne manque pas de gens qui, circonscrivant encore davantage l'acception de ce mot *peuple*, nous donnent pour souverain, non pas même le peuple dans toute la France, mais le peuple de Paris ; nous apportent ses ordres, nous parlent hautement de ce qu'il veut et de ce qu'il ne veut pas, et nous disent que la volonté du peuple est inscrite plus solidement que sur le bronze, qu'elle est écrite avec des pavés : les pavés sont encore là, disaient-ils, qu'on y prenne garde. Il y a loin de ces groupes du *peuple* des rues de Paris au *peuple* français, qui ne craint pas les pavés.

Laissons donc de côté la vaine fantasmagorie dont on avait voulu nous éblouir et nous aveugler ; laissons l'origine fabuleuse dans laquelle on avait voulu cacher le berceau de la jeune république, suivant l'usage des nations anciennes et modernes. Ce qui est certain, c'est que l'exposé de la situation pré-

senté par les républicains de la veille est entièrement faux, et qu'il n'y avait de vrai qu'un trône
renversé, une place vide, une table rase, et la nation française chargée de se choisir souverainement
le gouvernement qui lui convient. Voyons quelle aurait dû être la conséquence de cette situation.

II. — *Situation de la France telle qu'elle aurait dû
être.*

Le Gouvernement provisoire, sorti des nécessités
de la situation, sans pouvoir régulier, sans mission
légale, emporté et ballotté par le flot populaire qui
inondait la place de l'Hôtel-de-Ville, proclama la république. Mais il sentit combien ses actes étaient
étrangers à toutes les autres parties de la France
hors Paris; que tout ce qu'il faisait et proclamait ne
pouvait être que provisoire, comme son nom, et il
proclama la république, *sauf la ratification de la
nation.* Tous les Français devaient être appelés à dé-
clarer, par les votes de la majorité, la volonté de la
France. Jamais un grand peuple n'avait eu à rendre
une décision plus importante; il avait à prononcer
son choix entre toutes les formes de gouvernement,
et devait examiner quelle est celle qui assurerait le
mieux le bonheur et la prospérité de la France. Si la
nation choisissait la république, il lui restait à décider quelle espèce de république; si elle choisissait
la monarchie, quel roi?

C'était là ce qu'exigeait le bon sens, non moins
que la loi de la souveraineté du peuple, que nous met-
tons en tête de toutes nos constitutions; c'était là ce
qu'exigeait la fidélité à l'engagement que l'on venait
de prendre à la face de la nation de lui demander sa
ratification; c'était le devoir du Gouvernement provisoire. Si l'on avait eu affaire à un parti sincère, de
bonne foi, consciencieux, mû par des convictions,
soumis à son propre principe et lié par ses promesses,
c'est ainsi que cela se serait passé. Aussi commen-
çait-on à s'occuper partout de cette grande affaire ; les
hommes réfléchis et éclairés des provinces (où il y en a,
quoique l'on agisse à Paris comme si l'on n'y croyait pas)
cherchaient à envisager sous leurs divers points de
vue, et dans l'intérêt de la France, ces questions, qu'ils
croyaient avoir à résoudre. Il y avait de la naïveté à
croire à cette marche régulière, et cependant je dois
m'en accuser ; naïveté peu excusable, sans doute,
dans un homme qui a eu le temps d'acquérir une longue expérience des hommes et des choses aux époques de révolution : je croyais qu'il pouvait se ren-
contrer des hommes honnêtes et de bonne foi en politique; et surtout qu'un grand esprit poétique, quoique emporté par sa brillante imagination dans un
cercle d'erreurs ou d'utopies diverses, devait avoir
ces idées droites et généreuses d'un noble cœur qui
peuvent appartenir aux hommes de conviction dans
les partis; qu'il chercherait loyalement et sincère-

ment à connaître la volonté de la nation, pour s'y soumettre et la faire prévaloir ; qu'enfin il appliquerait
consciencieusement le principe fondamental de toutes
ses théories, la souveraineté du peuple. Je pensais
donc que l'universalité des Français allait avoir à se
prononcer par son vote d'abord entre la république
et la monarchie représentative, les deux seules formes de gouvernement qui aient aujourd'hui des partisans en France ; qu'ensuite, si la majorité choisissait
la république, elle serait consultée sur l'espèce de
république qu'elle voulait, aristocratique ou démocratique, avec une ou deux chambres, avec un président ou un pouvoir exécutif composé de plusieurs
membres ; que, si la majorité choisissait la monarchie
représentative, elle aurait à nommer le roi qu'elle
voulait, soit un Bonaparte ou un d'Orléans, ou le duc
de Bordeaux, ou tout autre chef d'une nouvelle dynastie. Voilà bien ce qui aurait dû être ; voilà bien le
plein exercice de la souveraineté du peuple.

Quelles eussent été les conséquences de cet appel
franc et sérieux à la volonté du peuple ? Chacun peut
former sur ce point ses conjectures, et le champ est
ouvert à toutes les suppositions. Les diverses opinions
auraient présenté de part et d'autre les motifs de
préférence pour tel ou tel gouvernement, et je retra-
cerai ceux qui, je le crois, auraient fait le plus d'impression sur la majorité des votants ; mais je veux
auparavant, par quelques réflexions, réduire la

question aux termes les plus simples. Quel gouvernement est le plus propre à assurer le bonheur et la prospérité des Français? Quels sont les moyens d'atteindre ce but? Je laisse de côté les moyens que nous offrent la religion, la morale, la vertu, quoique ce soient assurément les plus efficaces, puisque, si les hommes étaient des anges, toutes les constitutions seraient également bonnes. Mais ces remèdes salutaires ne peuvent s'improviser tout d'un coup; on ne peut que les préparer pour l'avenir, et peut-être même ne devons-nous pas attendre d'un avenir prochain cet enseignement religieux qui seul nous conduirait à l'amélioration des générations futures. Il faut aussi laisser de côté les préventions et les attachements de partis; envisageons seulement l'intérêt de la France, en cherchant quel est le gouvernement qui lui est propre. Je poserai d'abord quelques bases préliminaires.

Dans l'état actuel des sociétés civilisées, la prospérité d'une grande nation dépend de sa richesse. C'est dans sa richesse qu'un pays trouve sa force, c'est-à-dire la garantie de son honneur, sa sûreté, sa prépondérance à l'extérieur; c'est par la richesse qu'il peut assurer le bonheur et le bien-être de tous ses habitants à l'intérieur. Or la richesse n'est enfantée que par les consommations : car elle se compose de valeurs, et sans la consommation les produits restent sans valeur. Mais il ne suffit pas pour le bonheur d'une nation que la richesse existe ; il faut encore qu'elle soit bien distribuée. En Angleterre la richesse est grande et la misère est grande aussi ; il ne se trouve aujourd'hui en France que la dernière moitié. C'est cette misère, c'est la nécessité d'améliorer le sort des classes pauvres qui est en ce moment la principale préoccupation des gouvernements, des hommes d'état, des économistes. L'accroissement du nombre des ouvriers sans travail, ou sans un salaire suffisant pour leur famille, était depuis longtemps un sujet d'inquiétude pour l'avenir ; cet avenir s'est réalisé brusquement, et la situation des ouvriers est devenue un véritable et pressant danger pour la société. L'économie politique a cherché depuis quelques années un remède aux maux de la classe ouvrière, qui pouvaient entraîner des conséquences si menaçantes pour le pays, et elle devait se livrer avec d'autant plus de zèle à cette recherche qu'elle n'était pas étrangère aux progrès de la maladie qu'elle voulait guérir. Cette vue principale de l'école anglaise (dont nos économistes officiels ont toujours professé les principes jusqu'à ce jour), d'exciter à la production indéfinie et de produire avec le moins de frais possible, afin de soutenir plus avantageusement la concurrence, a accéléré le mouvement donné par les calculs intéressés de l'industrie, et a été funeste aux ouvriers ; car on ne peut produire à moins de frais qu'en diminuant ou le salaire, ou le nombre des ouvriers employés à la confection du produit. Mais si la plaie n'est que trop visible, le moyen de la guérir n'est pas si facile à découvrir. Le problème n'est pas encore résolu, quoiqu'on ait proposé beaucoup de solutions. Il faut partir d'un point sur lequel tout le monde est d'accord : il y a beaucoup d'ouvriers sans ouvrage ; il faut leur donner les moyens de faire subsister leur famille. Mais comment? et sous quelle forme leur fournir ces moyens? L'aumône a toujours été regardée comme la pire de toutes les combinaisons, surtout l'aumône que le gouvernement fait lui-même, ou qu'il force par la loi les particuliers à payer. L'Angleterre en a fait l'épreuve : après avoir gémi pendant deux siècles et demi des inconvénients toujours croissants de la taxe des pauvres qu'avait établie Elisabeth, elle a été obligée de la réformer en 1834. Tous nos économistes actuels, qui se sont beaucoup occupés du sort des travailleurs, quoique pas toujours avec discernement, sont d'un avis unanime sur ce sujet. « Rien de » plus funeste, dit M. Rossi, que l'aumône officielle, » que ces subventions hebdomadaires, régulières, » que l'Angleterre distribuait à ses pauvres, encore » que cette taxe ne fût quelquefois qu'un complé— » ment de salaire, payé par une classe et au profit de » certains producteurs. » M. Blanqui parle aussi *de la taxe des pauvres, l'une des plus funestes inventions des temps modernes.* M. Joseph Garnier s'explique ainsi : « L'expérience a prouvé que *la charité offi-*

» *cielle et légale* ne tarde pas à détruire chez l'homme
» secouru ce ressort intime de prévoyance et de di--
» gnité qui est seul capable de lui faire surmonter la
» misère et l'indigence. » Tel est aussi l'avis de M.
Droz : « De tous les moyens de secourir l'indigence,
» dit-il, le plus contraire à son but est un impôt levé
» au profit des indigents. Il faut l'accroître sans cesse,
» et sans cesse il accroît le nombre des gens qui veu-
» lent y prendre part. Les Anglais ont fini par être
» obligés de faire un coup d'état contre les pauvres. »
Cela a été écrit il y a plusieurs années, et l'on ne
prévoyait pas alors que l'expérience si frappante et si
déplorable dont nous venons d'être les témoins
confirmerait sitôt la vérité de ces doctrines. En effet,
le résultat de ces maximes, de prendre aux riches
pour donner aux pauvres, et de ces projets d'impôt
progressif, serait infailliblement d'augmenter la quan-
tité des ouvriers sans ouvrage ; car, les riches cessant
d'acheter ce qu'ils auraient payé avec l'argent qu'on
leur prend, les producteurs cessent de fabriquer ces
objets et renvoient leurs ouvriers. Il est donc reconnu
généralement qu'il ne faut rien donner aux hommes
valides que pour du travail et sous forme de salaire.
Qui fournira ces salaires? Les producteurs, si une
consommation active réclame leurs produits. Les dépenses des riches et du Gouvernement, voilà le pa--
trimoine des pauvres, voilà ce qui doit leur assurer
quelque aisance. La consommation et les dépenses

sont donc la source de la richesse publique et du travail des ouvriers. Tout ce qui restreint les dépenses, toute inquiétude sur les affaires publiques, est funeste à la nation. Tout ce qui encourage les particuliers à rechercher les douceurs de la vie et à se livrer au cours ordinaire de leurs dépenses, l'état de calme, la sûreté, la sécurité surtout, c'est-à-dire la confiance dans le présent et dans l'avenir : voilà la condition indispensable à laquelle est attachée la prospérité du pays, qui la fait naître et seule en garantit la durée. *La confiance*, tout est là, tout est renfermé dans ce mot : de la confiance naît le crédit, il en est inséparable ; et si elle s'éloigne, il meurt à l'instant. Nous venons de voir la France passer en huit jours de l'opulence à la misère. Il n'y avait rien de changé dans l'état matériel, point d'incendie ni de tremblement de terre, ni de guerre, ni d'invasion, ni de peste, ni de famine, il n'y avait pas le lendemain dans les coffres un écu de moins que la veille : d'où vient donc, d'un jour à l'autre, la perte soudaine de vingt milliards de capitaux? Qu'y a-t-il de moins en France? La confiance. Au seul nom de république, la confiance s'est enfuie, et le crédit a disparu avec elle. J'ai dit vingt milliards d'anéantis, et la perte est bien plus grande si l'on compare les capitaux que représentent aujourd'hui toutes les terres de France, pour ceux qui voudraient les réaliser, à la valeur qu'elles avaient il y a six mois. Que la confiance revienne, que les dépenses reprennent leur cours, les capitaux morts ressusciteront, non pas tous en aussi peu de temps, mais le délai ne sera pas long, si la confiance est bien établie ; les travaux reprendront leur activité, et le crédit fournira à mesure des besoins tous les capitaux nécessaires, quoiqu'ils ne soient pas longuement accumulés par l'épargne, comme le veut notre économie politique, si lente à les créer. Ces vérités sont généralement reconnues ; tout le monde voit dans le retour de la confiance le remède à nos maux. En face de la détresse générale, de tant de misères privées, dans tous les efforts tentés pour sortir des embarras financiers et pour résoudre l'insoluble question des travailleurs, la conclusion constante est qu'il faut ramener la confiance. Oui, certes, ramenez la confiance ; mais comment ? Cela est plus facile à conseiller qu'à réaliser. La bonne volonté ne suffit pas, même dans ceux qui ont le pouvoir ; l'on ne peut pas lui ordonner de revenir, elle ne se commande pas. Il n'y a qu'un moyen, un seul moyen d'atteindre le but proposé : c'est un bon gouvernement, qui ne contienne aucun germe de troubles, qui n'entretienne point l'agitation dans les esprits, qui assure l'ordre en garantissant à chacun ses propriétés et sa liberté ; qui, en donnant ces avantages, en fasse espérer et en montre en perspective la continuation, et rende impossible, autant que cela est donné aux hommes, les occasions de nouvelles

secousses dans l'avenir ; qui enfin promette la stabilité. Pour trouver et établir un tel gouvernement,
nous avons un triste avantage sur tous les peuples du
monde ; nous n'avons point ces institutions établies,
qui gênent leurs mouvements parce qu'ils craignent
en les changeant d'occasionner un ébranlement qui
fasse crouler tout l'édifice. Nous avons depuis longtemps risqué l'ébranlement et obtenu les résultats ;
tout est croulé, les matériaux déblayés, le terrain
est uni et vide : bâtissons donc de manière à atteindre le but que nous venons de signaler.

La question qui nous occupe est réduite à des
termes très simples. Puisque le retour de la confiance
est le seul remède à nos maux, puisque la confiance
est la cheville ouvrière de la prospérité et du bonheur
de notre patrie, il faut chercher quel est, pour nous,
le gouvernement le plus propre à inspirer la confiance dans le présent, et qui offre le plus de chances
de stabilité dans l'avenir. C'est sous ce seul point de
vue que j'envisagerai les divers gouvernements qui
se présentent à nous, car il comprend tous les points
qui importent au bonheur des peuples, et si une seule
partie vitale était lésée, la confiance ne s'établirait
point.

La France peut-elle attendre de la république,
et surtout de la république démocratique, le calme,
la tranquillité, l'ordre parfait, nécessaires à l'établisse-

ment de la confiance? Peut-on espérer qu'avec le mouvement obligé de ses élections fréquentes, et la discorde qui en résulte dans le moindre village comme dans les villes; avec l'ardeur de ses clubs, sans cesse renouvelée et enflammée par le frottement, quelquefois échauffée jusqu'à l'explosion ; avec les provocations de ses affiches et le dévergondage sans frein de ses mille journaux ; qu'avec cette effervescence générale des esprits, il puisse se former des populations calmes, vaquant paisiblement à leurs affaires? Je sais que nos républicains ne s'effraient pas de ce bouillonnement ; que cet état habituel d'exaspération ne leur déplaît pas ; l'agitation, disent-ils, est de l'essence de la république : alors la misère est de l'essence de la république, car la confiance ne peut coexister avec l'agitation. Sous le rapport de la stabilité et des chances de l'avenir, la république donne-t-elle plus de confiance? Je dois me dispenser de prolonger cette discussion, puisque, d'après la dernière loi de la presse, la liberté républicaine ne va pas jusqu'à pouvoir discuter théoriquement les avantages et les inconvénients des diverses formes de gouvernement ; car il est défendu, sous peine d'amende et de prison, *d'attaquer les institutions républicaines.* Il ne serait donc plus permis d'imprimer Montesquieu, qui compare la république à la monarchie ; ni Rollin, qui fait

ressortir les dangers des républiques ; ni même
Cinna, où Corneille termine la discussion sur les divers gouvernements par ce vers :

Le pire des états, c'est l'état populaïre.

Cependant s'il faut s'abstenir de discussions interdites, il ne peut être défendu de raconter, de constater des faits, et de remarquer que, si les souvenirs d'un passé funèbre ne recommandaient pas la république dans l'esprit des Français, qui avaient à choisir entre les diverses formes de gouvernement, le présent, tel qu'il était sous leurs yeux à l'époque où ils étaient appelés à faire ce choix, ne la recommandait pas davantage. L'on se rappelle la république démocratique mise en pratique par le Gouvernement provisoire, et certes l'avant-goût qu'il donnait alors à la France des douceurs de cette République n'était pas propre à la séduire. Quel était l'état de la France ? Partout l'oppression au lieu de la liberté ; l'agitation, les troubles, l'anarchie ; les bourgeois des villes ne pouvant se livrer à leurs travaux ou au repos qu'avec leur habit de garde national et leurs armes à côté d'eux, pour être tout prêts aux sons alarmants du rappel ; les propriétaires, les fermiers, les habitants des campagnes, succombant sous le faix des impôts, sans trouver à vendre leurs vins, leurs bois, leurs laines, pour les payer ; les ouvriers languissant, avec leur famille, dans un désœuvrement troublé seulement

par les alertes, les revues et les exercices; les arts
éplorés et mendiant; les comédiens et les directeurs,
les peintres et les musiciens, les auteurs, et même
ceux qui exploitaient la mine d'or des romans-feuil-
letons, tous ruinés, et presque réduits à demander
une pioche dans les ateliers nationaux ; les fabriques
arrêtées, les magasins encombrés, les machines de
l'industrie se rouillant dans l'inaction; les vaisseaux
de commerce pourrissant dans les ports; l'argent dis-
paraissant, ou circulant rarement par les diligences,
parce qu'on ne voulait pas confier la plus petite
somme aux banquiers ; la perspective alarmante du
pillage ou de l'incendie de la part des ouvriers qu'on
avait cessé d'occuper; enfin ce refrain universel, répété dans toutes les parties de la France sans exception : Rien ne va, on ne paye rien, on ne vend rien,
on ne peut pas toucher un denier, on n'a point d'ouvrage, tout le monde est ruiné. Voilà les arguments
préparés par le Gouvernement provisoire pour déterminer le vote en faveur de la république démocratique. Voilà ce qui frappait tous les yeux alors, et aurait pu influer sur la décision.

Du reste, ce n'est point d'après une discussion
contradictoire sur les avantages des divers gouvernements que la masse de la nation se serait décidée
pour l'un ou pour l'autre; c'est d'après ses opinions
toutes faites d'avance que chacun aurait déterminé
son choix. Il s'agissait donc d'une question de fait :

la majorité avait-elle alors de l'inclination pour la république et l'aurait-elle choisie, si on ne la lui avait pas présentée comme déjà établie ?

Or, le fait certain, incontestable, reconnu par tous les partis et souvent proclamé par les journaux de toutes les couleurs, est qu'avant le 24 février l'immense majorité de la France ne songeait pas à la république et ne la désirait pas. Les républicains de la veille ne l'ont pas nié, et même s'en sont quelquefois vantés. Ils se plaisaient à restreindre ce petit noyau précieux auquel ils réservaient toutes les places, et peu s'en est fallu que l'étoffe ne leur manquât. Je connais tel chef-lieu d'arrondissement où l'on n'a jamais pu trouver dans toute la ville qu'un seul républicain pour en faire un sous-commissaire. L'on ne s'est pas douté à Paris de la consternation qu'a d'abord produite dans les campagnes le nom seul de république. Les souvenirs de l'ancienne république démocratique se sont transmis de génération en génération. Armand Carrel avait lui-même remarqué cette disposition il y a quelques années. Un journal rendait compte dernièrement d'une séance de l'assemblée générale des associations républicaines de France, tenue à Paris en 1834. « Armand Carrel, dit ce journal, repoussa formellement le rétablissement des clubs, de sinistre mémoire. Il prétendait qu'on devait écarter avec soin tout souvenir, toute espèce de conformité et de solidarité avec les crimes

et les souillures d'une époque contre laquelle les provinces, les campagnes surtout, avaient conservé une répugnance et une antipathie très prononcée. » Il en est de même aujourd'hui, et comme la république provisoire nous avait rendu, sinon *les crimes,* du moins *les souillures* dont il est ici question, l'on ne peut s'étonner que cette *antipathie* se soit fortifiée au lieu de s'affaiblir. A ce nom sinistre de république démocratique le peuple s'est inquiété, et dans les autres classes chacun a nettoyé ses armes. Il est donc vrai que, dans la plupart des campagnes et des petites-villes, il n'y avait pas de républicains. Dans les grandes villes, il y en avait quelques uns, mais peu nombreux et formant un petit parti qui n'était pas composé des personnes les plus considérées de la ville. Etait-ce à tort? L'on a pu en juger lorsqu'ils ont été mis en évidence, si, comme on doit le supposer, les hommes dont ils ont rempli les grandes et petites places, et si cette nuée de commissaires, de sous-commissaires, d'envoyés des clubs, dont ils ont inondé les départements, formaient l'élite d'entre eux. Voici l'opinion d'un journal anglais dans la *Revue britannique* sur les dispositions républicaines de la majorité des Français à cette époque : « Dans la si-
» tuation actuelle, affirmer que la France (c'est-à-
» dire les provinces, les départements, tout ce qu'on
» peut appeler la France en dehors de Paris) est
» vraiment républicaine, c'est comme si l'on pré-

» tendait qu'un homme à face blanche tout d'un coup
» barbouillé de noir, un nègre de mélodrame ou d'o-
» péra, est aussi véritablement nègre que les nègres
« de l'Abyssinie ou du Congo. » Ne pourrait-on pas
supposer que les Français, consultés sur le Gouvernement qu'ils voulaient, auraient préféré les souvenirs transmis de père en fils, et les habitudes de
quatorze cents ans de royauté, aux souvenirs d'une
dixaine d'années de république.

Il me paraît donc impossible de ne pas reconnaître que, si la nation avait été *librement* appelée à
choisir son gouvernement, en vertu de ce droit de
souveraineté qu'on reconnaissait pour point de départ, il y aurait eu une grande majorité pour la monarchie représentative.

Consultée ensuite sur le choix du roi, quel roi aurait-elle proclamé ? J'ai indiqué les diverses combinaisons qui auraient pu se présenter. Appliquons ici,
pour déterminer notre choix, les mêmes principes
qui auraient fait préférer la royauté constitutionnelle
à la république. Laquelle de ces combinaisons pouvait
le mieux ramener la confiance, c'est-à-dire rendre
à la France sa prospérité et son bonheur ? Quel roi
pouvait garantir le mieux la stabilité du gouvernement, le présent paisible, l'avenir fixé, éléments in-
dispensables de la confiance ? La France aurait-elle
porté son choix sur un jeune homme connu seulement par deux entreprises peu sensées, qui aurait dû

sentir qu'on n'acquiert pas par héritage un trône conquis par le génie, parce qu'on n'hérite pas du génie ; qui, quittant le rôle d'aventurier impérial pour celui de coryphée de la république rouge et sociale, dont il partageait les suffrages avec MM. Proudhon et Pierre Leroux, nous faisait voir en perspective, ou le despotisme sanguinaire de la république rouge, ou le despotisme impérial sans les compensations de la victoire. Non, l'espoir de la stabilité et du retour de la confiance n'étaient pas là.

Aurait-on confié cette France turbulente et violemment agitée, parmi l'anarchie, les tumultes des rues et les fureurs des partis, aux faibles mains d'une femme et d'un enfant ? S'en serait-on fié à ces mains débiles pour retenir et enchaîner ces bras nus et nerveux qui menaçaient la société, pour dompter ces bandes farouches ? Avait-on d'ailleurs oublié déjà tant de griefs reprochés à cette famille, et qu'on ne peut pardonner parce qu'ils touchaient à l'honneur de la France, et l'ignoble fuite à la débandade de ces débris royaux ? Pouvait-on chercher la stabilité dans cette combinaison, qui créait, au contraire, de nouvelles sources de troubles, puisque la régence était une usurpation sur un autre membre de la famille? Et n'est-il pas probable que les amis mêmes de cette famille auraient vu dans un autre choix des chances plus favorables pour le comte de Paris, à qui la force irrésistible des choses assurait alors la position in—

contestable de premier prince du sang, et d'héritier du trône au défaut d'enfant mâle.

Un autre prince se présentait à la France, ou plutôt ne se présentait pas, car il aurait fallu l'aller chercher au fond de sa retraite; prince dans la force de l'âge, unissant le feu de la jeunesse à la raison la plus éclairée, mûri par le malheur et l'exil, et par les études, fruits des longs loisirs que lui a faits l'adversité; qui, placé en évidence dans divers pays, n'a jamais fourni à ses implacables ennemis l'occasion de citer un seul fait, une seule parole dont on put lui faire un reproche : indices d'un tact exquis et d'uue prudence consommée. Si donc les Français avaient voulu une monarchie, n'auraient ils pas pu faire la réflexion que là se trouvaient réunies toutes les chances de stabilité que promet cette forme de gouvernement ?

J'ai mentionné une quatrième hypothèse. Le peuple, dans sa souveraineté, pouvait établir la monarchie sur une nouvelle dynastie. Cette idée aurait, sans doute, eu peu de partisans. Il n'y a pas en France aujourd'hui d'homme assez hors de ligne pour que son élevation au trône fît taire l'ambition de ses rivaux, de ses égaux de la veille, des hommes marquants dans tous les genres. Aucune combinaison ne préparerait plus de troubles pour l'avenir, et ne serait plus incompatible avec la tranquillité et la confiance.

J'ai cherché ce qui serait arrivé si l'on avait franchement consulté la France sur le gouvernement qu'elle voulait se donner. Je suis persuadé, pour ma part, que la majorité véritablement libre aurait choisi la monarchie représentative, et peut-être est-il permis de penser que, si, agissant légalement et loyalement, on avait sincèrement mis en pratique cette loi de la souveraineté du peuple qu'on proclamait en principe, le duc de Bordeaux aurait été appelé au trône de France, et que la tranquillité, la stabilité, la confiance, tendraient à renaître dès à présent.

Mais sortons des hypothèses qui s'appliquaient à une position qui a changé ; il n'est plus question de ce qui aurait dû être, mais de ce qui est. Depuis le 4 mai la nation assemblée peut parler par ses représentants.

III. — *Situation de la France telle qu'elle est.*

La république a été proclamée par l'Assemblée nationale : voilà son titre réel. Elle est admise par la majorité des Français ; car, dans ce pays, la majorité des masses est toujours pour le gouvernement établi, quoiqu'elle ne fût pas toujours disposée à lui donner la préférence sur tout autre ; mais elle voit dans un changement encore une révolution qui pourrait amener des troubles, des convulsions, des guerres civiles, et elle a l'effroi des révolutions. La

république existe donc, et nous devons nous y soumettre, voilà ce qui est décidé. Mais laquelle? voilà
ce qui n'est pas décidé. La question reste entière,
quoi qu'en disent et en aient dit les républicains de la
veille. Pour savoir jusqu'à quel point on est engagé,
il importe de porter ses regards sur la manière dont
la république s'est établie.

J'ai montré, dans la première partie, par quels
artifices mensongers, ou plutôt avec très peu d'arti-
fice, par quelles assertions brutales, qu'il n'eût pas
été sans danger de contredire, il fut établi, posé
comme certain et incontestable que la république
démocratique était le vœu, était la volonté de toute
la France. L'intimidation portée partout par les commissaires *à pouvoirs illimités*, qui se faisaient secon-
der par ces bandes d'émeutiers qu'on est sûr de trouver dans la plupart des villes, et dont quelques uns
se faisaient une garde d'honneur; l'intimidation, dis-
je, fit regarder la république comme une nécessité
imposée par une force supérieure, comme un arrêt
du destin auquel il fallait obéir. Mais comme les
électeurs de tous les partis voyaient avec effroi derrière la république le spectre des désordres, des
pillages, des massacres, son ancien cortége, ils s'en-
tendirent en général pour choisir avant tout des amis
de l'ordre, les républicains les plus modérés, les
moins avancés, les moins démocratiques, et pour repousser les républicains de la veille qu'on voulait

leur imposer. Dans quelques départements seulement les divers partis mêlèrent leurs propres candidats avec les républicains modérés. C'est dans cette
nuance que l'Assemblée nationale aurait été composée presque en entier, sans la violence morale, et souvent même physique, exercée sur les comités élec-
toraux et sur les électeurs, soit d'avance, soit au moment de l'élection, par les circulaires, par les actes
illégaux, les menaces, les destitutions motivées, et
la propagande dans les campagnes. Cependant, malgré tant de manœuvres et cette pression illégale, le
parti composé d'hommes exaltés et des commissaires
qui s'étaient placés sans pudeur à la tête des listes
qu'ils imposaient, se trouva fort en minorité dans
l'Assemblée. Une grande majorité d'hommes d'ordre furent envoyés des provinces avec la mission de
nous donner une république mitigée, favorable à
l'ordre, et, avant tout, de former un pouvoir exécutif provisoire, purgé de ces démagogues qui avaient
excité l'indignation générale par leurs essais de propagande révolutionnaire, par leur tyrannie posée
en principe, par les dangereuses flatteries dont ils
enivraient le peuple et les ouvriers, par l'envoi de
ces inconnus, oppresseurs et brouillons, à l'influence
desquels nos belles provinces étaient en proie. Il
est difficile de s'expliquer ce qui se passa après l'ar-
rivée de ces députés à Paris : entourés de ces fictions
et de ces déceptions que les républicains de la veille

y versaient à pleines mains depuis deux mois, enveloppés dans cette atmosphère mensongère qui y trouble la vue, ne voyant plus les objets que sous un faux aspect, de ce point de vue de Paris où l'on connaît si mal l'état et les sentiments des provinces, ils suivirent les mêmes voies dont ils voulaient s'écarter, remirent le pouvoir aux mêmes mains qui en avaient fait un si funeste usage, et le même désordre, la même anarchie, les mêmes inquiétudes et les mêmes vexations, continuèrent de régner dans les départements, quoiqu'on eût substitué des préfets aux commissaires, sans en changer l'espèce. Les républicains de la veille recueillirent le fruit de l'impudence du faux exposé que j'ai signalé dans la première partie de cet écrit, et nos représentants admirent, d'après eux, que la république était proclamée par la nation, et qu'ils n'étaient envoyés que pour la constituer, et non pour la décider après avoir examiné la question. Cependant, par une espèce d'inconséquence, on leur fit faire cette proclamation de la république dont on disait n'avoir pas besoin, et on s'arrangea pour l'obtenir d'enthousiasme dès le premier jour, et pour en donner la représentation au peuple parisien, qui, leur dit-on, demandait cette démonstration. Sans doute, plus d'un membre de l'Assemblée fit en lui-même la réflexion que, puisque le Gouvernement provisoire avait établi la république, *sauf la ratification de la nation,*

et que la nation, n'ayant encore rien dit ni rien ra-
tifié, ne pouvait parler que par l'organe de ses représentants, il valait mieux peut-être se donner l'apparence d'un peu de réflexion et de délibération, ne
fût-ce que de vingt-quatre heures avant de prononcer
une décision d'une si haute importance ; qu'en outre,
il n'était peut-être pas très convenable que l'Assemblée
nationale interrompît ses travaux, parce que le peuple voulait qu'elle vînt proclamer la république devant lui ; qu'on pouvait répondre à cette demande
que la place Louis XV ne pouvait contenir les 35
millions de Français, même en y ajoutant la place de
l'Hôtel-de-Ville, et que l'Assemblée ne pouvait avoir
de relations qu'avec le peuple français, et non pas
avec le peuple de Paris, qui n'avait pas plus de droit
que celui des autres villes à cette démonstration so-
lennelle. Mais j'avoue qu'au milieu d'une Assemblée
toute neuve, dont les membres ne se connaissaient
point et n'avaient pas même encore leurs pouvoirs
vérifiés, aucun d'eux n'était en mesure d'élever une
réclamation, et qu'il était impossible à l'Assemblée
de ne pas tomber dans cette espèce de guet-apens
dressé dans l'Assemblée par la fraction des républicains de la veille.

La république fut donc proclamée au nom de la
nation par l'Assemblée nationale ; c'est un fait qu'il
faut reconnaître, et elle n'existe de droit que de ce
moment. Mais quelle république ? Est-ce, comme on

nous le répète sans cesse depuis trois mois, la République démocratique ? C'est ce qui n'a point encore été décidé, quoi qu'on en dise. Si l'on a réussi à faire prévaloir l'idée que la république improvisée à Paris était acceptée et voulue par la France, et que l'Assemblée nationale n'avait d'autre mission que de l'organiser et de la constituer, l'on aura, du moins, plus de peine à démontrer que la France ait par un signe quelconque, par le moindre indice, déclaré ou seulement indiqué sa volonté d'une république démocratique. C'est un fait que j'ai établi dans la première partie, que le cri de la France, hors un petit noyau, n'était point Vive la République *démocratique*, et que ni le Gouvernement provisoire ni l'Assemblée nationale n'avaient proclamé officiellement la république démocratique. Toutes les gardes nationales de France, y compris celle de Paris, ont toujours repoussé l'épithète, et on les a entendues crier en défilant devant la Chambre : Vive la République des honnêtes gens! En vérité ce serait traiter la France, et l'Assemblée qui la représente, comme l'enfant à qui l'on dit, après lui avoir laissé l'option en apparence : *Voilà ce que vous voulez*, si l'on osait leur dire : Ce que vous voulez, c'est la république; la république que vous voulez, c'est la république démocratique : plaisante manière de consulter ceux qu'on nomme souverains ! Non, l'on ne peut nier que l'Assemblée nationale ne soit, sur ce point, entièrement maîtresse de son terrain, et qu'elle ne puisse constituer une république tout autre qu'une république démocratique. L'on aura beau répéter qu'il ne peut pas y en avoir d'autre, je répéterai aussi qu'il y en a eu de toutes sortes, et qu'indépendamment de Venise et de Rome, dont j'ai parlé, l'on peut citer la république suisse, qui a eu long-temps des cantons aristocratiques, et la république de Hollande, qui avait une noblesse et un stathouder héréditaire. J'ajouterai même que, dans mon opinion, une république aristocratique est la seule qui puisse subsister dans un grand état. Mais avant d'aller plus loin, il est nécessaire que je m'explique sur le sens que je donne à ce mot si effrayant, *aristocratique ;* car le point le plus important dans une discussion, c'est de s'entendre sur le sens des mots qui en sont l'objet.

Est-il besoin de dire que, quand je parle d'aristocratie, il n'est point question d'aristocratie féodale, ni même de noblesse. J'ai trop de respect pour l'esprit du siècle et le progrès des lumières pour présenter au monde actuel quelque chose qui ne soit pas purement matériel, des priviléges et des honneurs qui ne soient pas métalliques. L'aristocratie féodale est bien loin de nous; la noblesse n'existe plus que dans l'opinion. Mais qu'on ne croie pas qu'en reconnaissant ces faits je sois de ceux qui attaquent ou dédaignent l'une et l'autre. La féodalité a fait son temps, et elle fut alors utile à l'Europe : elle a établi une hiérarchie au milieu des désordres, fait luire les grandes pensées d'honneur et les actions d'éclat à travers les ténèbres du moyen âge; elle a servi et défendu la France au prix de son sang et à ses frais; elle l'a laissée glorieuse, et a porté haut le nom français dans le monde entier. Enfin que ne lui doit-on pas de reconnaissance pour avoir créé cette chevalerie, l'honneur et la gloire du monde moderne, et qui se résume dans Bayard, vouée aux combats et à la mort, toujours prête à défendre son pays contre l'étranger et partout l'opprimé contre l'oppresseur, et pour tout dire en un mot, ayant une foi (ce qui est devenu si rare) et se glorifiant de rester fidèle à son Dieu, à son roi, à sa dame? Quant à la noblesse, ce n'est pas à ceux qui ont l'honneur de lui appartenir à penser que ce n'est rien. L'opinion lui rend ce que lui ôte la loi. Sans réclamer de privilége, sans rien exiger de personne, il lui est permis de ressentir une juste fierté des services de ses ancêtres, tout en s'efforçant de n'être pas indigne d'eux et d'avoir d'autres titres à présenter que le mérite qui n'est pas le sien. Mais la question que j'examine ici n'a aucun rapport avec l'aristocratie de naissance, et je vais prouver par un exemple, qui fera mieux sentir ma pensée, qu'il peut y avoir, sans noblesse, un Gouvernement aristocratique. Je prends une commune où il n'y a pas de château, pas même ce qu'on nomme dans les campagnes une grosse maison bourgeoise, mais seulement des paysans plus ou moins aisés. Cette commune , que je suppose dans un pays libre où la centralisation n'existe pas , est gouvernée par son conseil municipal. Si ce conseil municipal se compose des plus imposés de droit, de ce qu'on nomme les gros bonnets du village , ou s'il y a une élection qui ne puisse choisir que parmi eux , j'appellerai cela un gouvernement aristocratique. Si tous les imposés, sans distinction de votes , nomment le conseil municipal sans condition d'éligibilité , le gouvernement de ce village sera démocratique. Si le conseil municipal est élu par tous sans distinction , par ceux qui n'ont rien et ne paient rien , comme par ceux qui ont quelque chose , ce sera un Gouvernement démagogique. L'on voit qu'il peut y avoir de l'aristocratie même dans un pauvre village , parce qu'il y a toujours des habitants plus riches que les autres. L'Assemblée nationale peut donc , par la manière dont elle organisera les pouvoirs de la république , faire de la France une république aristocratique , sans être soupçonnée de rétrograder vers les anciennes idées d'aristocratie.

Voilà donc la situation de la France telle qu'elle est. La république est proclamée. L'Assemblée nationale est chargée d'organiser cette république par une constitution dont aucune base n'est encore posée ; elle n'est engagée en rien pour un mode de république plutôt que pour un autre, et elle n'a rien à consulter que les intérêts de la France et les vœux manifestés par elle dans ses élections. Il était nécessaire d'établir ces préliminaires avant d'examiner les fondements sur lesquels le comité de constitution propose d'asseoir les bases de la République française.

———

Un projet de constitution a été présenté à l'Assemblée par la commission qui avait été chargée de le préparer. Je l'ai lu, et j'ai été frappé d'un profond étonnement. L'on savait que dans les départements les élections avaient cherché en général des hommes modérés, opposés à l'excès des doctrines démocratiques, et cette disposition était si bien connue, que la plupart des candidats, dans leur circulaire aux électeurs, s'étaient fortement prononcés contre les idées démagogiques. De plus, la commission de constitution avait paru composée en majorité d'hommes sages et modérés; la plupart d'entre eux avaient eu l'occasion de faire connaître leur opinion dans les longues discussions sur la réforme du mode d'élection : ils avaient voulu étendre plus ou moins les limites de cette réforme, mais aucun d'eux n'avait demandé une réforme radicale, et, au contraire, tous avaient nettement repoussé le suffrage universel proposé si constamment par un journal royaliste. L'on ne peut donc trop s'étonner que, contre l'intention connue de la grande majorité de la France, et contre leurs propres opinions souvent manifestées, ils proposent à l'Assemblée nationale la constitution la plus radicale et la plus démagogique. Sans doute ils n'accorderont pas que leur constitution mérite ces qualifications ; mais peut-il rester quelque doute à cet égard aux hommes politiques qui comaissent la valeur des mots? Est-il, en effet, rien de plus démagogique que le suffrage universel direct, l'éligibilité pour tous, une seule Chambre, l'élection radicale pour la plupart des emplois, tout le monde admis dans la garde nationale, et armé par conséquent, non seulement ceux qui offrent des garanties de propriété, de boutique, de fortune quelconque, mais ceux qui n'ont rien, mais les vagabonds, même les mendiants? Est-il rien de plus démagogique que le droit au travail, le droit des clubs, des affiches, etc.? L'on est d accord sur le sens du mot *démagogique,* et on le comprend comme à peu près synonyme d'*ultra-démocratique.* De même que le despotisme est l'abus et l'excès de la monarchie, l'oligarchie l'abus et l'excès de l'aristocratie; de même la démagogie est l'abus et l'excès de la démocratie. Or, si la constitution proposée est démocratique, qu'y pourrait-on ajouter pour la rendre démagogique? N'a-t-elle pas atteint les dernières limites dans ce sens? Sur le point le plus important, l'élection de l'assemblée qui règne souverainement peut-on aller au delà du suffrage universel et direct? Il en est de même pour l'élection du pouvoir exécutif. Sur un second point capital et presque aussi important, la composition de la garde nationale, tous les citoyens sans exception en font partie ; l'on ne peut donc aller plus loin. Si l'on veut s'assurer que la constitution qu'on veut donner à la France est plutôt démagogique que démocratique , il suffit de la comparer à la constitution de 1793, œuvre de Robespierre , laquelle a toujours été regardée comme le *nec plus ultra* de la démagogie ; l'on verra que c'est là qu'elle a cherché son modèle, et que, sur les points les plus importants, elle en est la copie , souvent littérale : c'est ce qui sera prouvé plus tard.

Comment donc se fait-il que la majorité d'hommes sages et éclairés qui composait la commission ait pu être amenée à proposer cette constitution démagogique? Ont-ils pu croire que non seulement la France voulait la république proclamée par le peuple de Paris, mais encore la république *démocratique*, qui n'avait pas été proclamée du tout; qu'ils étaient nécessairement liés par les antécédents du Gouvernement provisoire, et que les représentants de la nation entière n'avaient rien de plus à faire qu'à suivre les lignes déjà tracées, sans s'écarter en rien du plan imposé par une douzaine d'hommes sans nulle mission légale pour déterminer les bases définitives de la constitution? car ces hommes n'avaient reçu de la nécessité que le droit d'administrer pour maintenir l'ordre et de faire une loi d'élection provisoire ; tout ce qu'ils ont fait de plus est une usurpation de pouvoirs, et ils auraient dû mieux profiter, dans la Constitution de 93, qu'ils prenaient pour modèle, de l'article qui dit : *Aucune portion du peuple ne peut exercer la puissance du peuple entier.* La commission de l'Assemblée nationale a consacré le même principe dans l'article 12 de la constitution qu'elle propose : *La souveraineté réside dans l'universalité des citoyens français. Aucun individu, aucune fraction du peuple ne peut s'en attribuer l'exercice.* Comment dès lors a-t-elle respecté si servilement les bases tracées par le Gouvernement provisoire au nom du peuple de Paris ? J'ignore si c'était en effet le vœu de Paris ; mais ce n'était point la volonté des provinces, et nos représentants connaissaient trop bien l'esprit qui les animait et la répugnance avec laquelle elles avaient accueilli les idées de Paris, pour se laisser aveugler par cette poussière démocratique qu'on voulait jeter à tous les yeux. Si donc ils n'ont pas cru décidé déjà, comme on le leur disait, tout ce qu'ils venaient décider avec une mission spéciale ; s'ils ont pensé avoir un autre devoir à remplir que celui d'homologuer les décrets du Gouvernement provisoire, comment se fait-il que, dans son projet de constitution, la commission se soit bornée à ce triste rôle ? L'on trouvera l'explication de ce fait surprenant dans la même cause à laquelle il faut attribuer l'indécision, et l'on peut même dire la faiblesse, que la majorité de l'Assemblée natio—

nale a montrée dans les premiers temps de sa réunion : cette cause, c'est la pression exercée sur l'Assemblée par l'agitation de Paris , par l'aspect farouche et désordonné des bandes qui parcouraient sans cesse la ville ; c'est l'intimidation produite par les promenades d'ouvriers, par les grandes démonstrations , par les tumultes partiels des plantations d'arbres de la liberté, par les vexations journalières des crieurs aux lampions, par la hideuse émeute du 15 mai, par la fureur des clubs et de leurs journaux et affiches , enfin par la formidable armée des ateliers nationaux, organisée et disciplinée, sans cesse fortifiée de nouvelles recrues, envoyant ses détachements crier , suivant le mot d'ordre : *Vive l'empereur! Vive Barbès!* ou *Vive la République démocratique!* armée terrible et prête à tout, que le pouvoir exécutif, du moins en partie, tout en paraissant gémir lui-même sous son oppression, tenait en réserve pour la montrer mystérieusement aux yeux des représentants comme un épouvantail ou comme un orage terrible suspendu sur leurs têtes, prêt à crever sur eux s'ils contrariaient la volonté du peuple. C'est par l'influence secrète de cette intimidation , qui agissait sur l'Assemblée , peut-être même à son insu, que la majorité, qui avait notoirement reçu de ses commettants la mission de délivrer la France d'une partie des hommes qui étaient au pouvoir en vertu de leur propre élection, a conservé les plus odieux à la nation, et n'a pas osé frapper de nullité les actes illégaux d'un pouvoir provisoire qui avait voulu tout régler, l'avenir comme le présent ; c'est par suite de cette même influence que la Commission, qui savait que la France, dans ses choix, avait cherché à se préparer la république la plus modérée et la moins démocratique possible, est venue lui proposer une république intitulée démocratique, et en réalité plus que démocratique. Je m'empresse d'avertir ici que, si j'ai fait intervenir l'intimidation comme ayant influé sur les actes de l'Assemblée, ce n'est pas dans la pensée qu'on puisse attribuer le vote d'aucun de nos représentants à une peur personnelle : leur courage a assez éclaté le 15 mai, quand l'Assemblée, envahie par des bandes farouches et menaçantes, a conservé cette attitude digne, calme, intrépide, et leur a refusé constamment, muette et impassible, les votes qu'elles exigeaient d'elle au milieu des cris de fureur, des injures, des violences même. Une grande partie de l'Assemblée a fait encore preuve d'un autre genre de courage au milieu des barricades de juin, et elle aussi n'a que trop largement payé son tribut de sang au monstre de l'anarchie. Et cependant, il faut le dire, l'Assemblée nationale a été comprimée, et sa liberté n'a jamais été complète et entière jusqu'aux journées de juin. Mais la peur qui agissait sur elle, c'était la peur de la guerre civile, la peur de cette collision sanglante dont on la menaçait si elle s'écartait des volontés du peuple et si elle s'attaquait à ses favoris.

On a trop vu que ces menaces n'étaient pas vaines. L'effet de ces craintes dont on épouvantait l'Assemblée a été plusieurs fois sensible, lorsqu'on l'a vue laisser trop longtemps le pouvoir dans les mêmes mains, adopter le lendemain ce qu'elle repoussait évidemment la veille, et voter en séance publique le contraire de ce qu'elle avait décidé dans ses bureaux. Oui, l'émeute était toujours là devant elle en perspective ; ces flots populaires, encore agités et toujours à demi soulevés, étaient prêts à faire irruption sur elle, et les digues pouvaient être lâchées par ceux-là mêmes qui étaient chargés de les garder ; mais si l'émeute était là, la garde nationale de Paris y était aussi, rangée autour de l'Assemblée, suivie, s'il le fallait, de toutes les gardes nationales de France, et de l'armée entière. Sans doute une lutte pouvait résulter d'une marche plus ferme et plus décidée ; mais elle était inévitable : c'est en vain qu'on croit s'en délivrer en cédant à un pouvoir illégal et usurpé, surtout à celui du peuple et aux séditions ; le moment arrive toujours où il faut résister, et la lutte retardée n'en est que plus terrible, plus sanglante, plus acharnée. Je ne puis me refuser à croire que ces craintes de l'émeute ont exercé quelque influence sur la commission de constitution, particulièrement quand elle a introduit la masse entière de la population dans les affaires publiques, soit pour en faire des électeurs directs, soit pour en composer la garde nationale armée. L'on a dit que ce droit leur avait été donné, et qu'il était impossible de le leur retirer. *Donné!* Par qui? Par quelques hommes sans aucun titre pour faire autre chose que du provisoire, qui ne pouvait engager l'avenir. *Il était impossible de le retirer!* Et en quoi impossible? Ce peuple, ces prolétaires par qui on veut faire gouverner l'Etat, n'ont pas réclamé ce droit et ne s'en soucient guère; ils l'ont prouvé dès la seconde épreuve des élections. Les gens de la campagne répondaient, quand on les engageait à aller voter : Pourquoi me déranger pour aller donner ma voix à des hommes que je ne connais pas? Et, en effet, il n'y en avait pas un seul parmi les candidats dont ils eussent jamais entendu prononcer le nom ; on aurait mis des mots grecs sur leur bulletin que c'eût été la même chose pour eux. Quel intérêt pouvaient-ils donc prendre à tout cela? Il n'y a d'intérêt que pour les brouillons et les ambitieux, pour ces flatteurs du peuple qui réclament pour lui le pouvoir afin d'en user en son nom. Et c'est parce que ces hommes, sortis de l'acclamation d'une petite portion du peuple de Paris, nous ont fait l'application des principes les plus démagogiques, et ont risqué sur la noble France l'essai de leur expérience comme sur un corps vil, que la commission se croit forcée, sans conviction, d'ériger ce funeste provisoire en loi perpétuelle, et de livrer notre pays aux troubles de l'anarchie et aux convulsions pour un siècle peut-être. Nos représentants ont-

ils assez senti l'importance de ce qu'ils avaient à faire ?
Ont-ils assez songé qu'il s'agit des destinées futures
de la France, qu'ils ont à fonder pour longtemps la
prospérité ou la ruine', le salut ou la perte de notre
belle patrie? Savent-ils bien tout ce qu'il en coûte à
un peuple, quand on lui donne des institutions en
désaccord avec ses mœurs et de longues habitudes ?
Voilà quarante ans entiers que les cinq ou six républiques d'Amérique démembrées de la monarchie es-
pagnole sont en travail pour enfanter un gouvernement viable et stable avec des institutions démocratiques sans pouvoir y parvenir, et qu'elles ont toujours été, et sont encore en ce moment même, livrées
à une succession de révolutions, aux convulsions de
l'anarchie, à la misère et à l'impuissance, sauf peut-
être une seule, qui heureusement pour elle a rencontré le despotisme de Rosas, mal très grand, mais seul
remède contre l'anarchie, mal plus grand encore.
Voilà soixante ans que la France n'a pu s'asseoir solidement, retombant toujours, à certaines époques,
dans les maladies périodiques engendrées par la démocratie. La mission donnée à l'Assemblée nationale
de nous faire une constitution est donc d'une importance immense ; elle ne doit rien décider que par les
plus puissants motifs, uniquement puisés dans l'intérêt de la France ; qu'elle ne cherche point la popu-
larité, qu'elle ne se laisse point circonscrire dans des
principes qu'on lui présente comme arrêtés d'avance

et hors de toute discussion, comme s'il pouvait y avoir d'autres principes que ceux qu'elle arrêtera elle-même ; qu'elle ne respecte point comme des droits acquis ces droits de si fraîche date, qui n'ont été ni délibérés ni sanctionnés par la France. C'est l'Assemblée nationale seule qui est chargée du soin de déterminer ces droits ; son pouvoir est souverain, et elle n'est liée par rien, par aucun engagement précédent pris sans elle ; qu'elle cherche consciencieusement quelles sont les lois constitutives qui doivent le mieux assurer le bonheur et la prospérité de la France ; elle a devant elle une table rase, qu'elle y grave celles qu'elle juge les plus propres à atteindre ce but : c'est sa mission, c'est son devoir.

Après avoir débarrassé le terrain constitutionnel de tout ce qui y est étranger, je vais dire franchement mon opinion sur ce qui devrait être inscrit sur cette table rase dans l'intérêt de la France.

Tous les peuples sont partagés en trois classes par la force des choses : la classe riche, la classe pauvre, et la classe intermédiaire ou moyenne. Toutes les sociétés ont toujours été promptement organisées ainsi, si elles ne l'étaient pas dans l'origine, à moins qu'elles ne soient restées dans l'état sauvage. Aristote disait aussi, de son temps, que toute société politique se divise en trois classes : les riches, les pauvres, et les citoyens aisés qui forment la classe intermédiaire ; l'on voit par là qu'aucun souvenir féodal

ne se mêle à cette distribution. Une république,
suivant celui de ces trois éléments qui prédomine
dans son gouvernement, sera aristocratique, ou démocratique, ou démagogique. Elle sera donc aristocratique si la constitution place le pouvoir entre les
mains de la classe riche, démocratique s'il est placé
dans la classe moyenne, démagogique s'il est remis
dans les mains de la classe pauvre ou du *peuple*, pris
dans son sens restreint. Dans une république, le
pouvoir réside essentiellement dans l'assemblée élue,
puisqu'elle possède le pouvoir législatif, et dirige le
pouvoir exécutif en portant au ministère les chefs de
la majorité. Ainsi l'influence plus ou moins grande
de telle ou telle classe dans le choix des représentants du peuple est la mesure de la part plus ou
moins grande que prend cette classe au gouvernement du pays. La loi d'élection est en effet la pierre
fondamentale dans l'édifice de la constitution ; et cela
est vrai non seulement dans une république, mais
dans une monarchie constitutionnelle, et dans tout
gouvernement représentatif. De la loi d'élection dépend donc le caractère du gouvernement. Si cette
loi était combinée de manière à ce que toute la nation concourût au choix des représentants, et que
cependant la classe riche eût une influence plus
grande sur le résultat ; si, par exemple, le suffrage
universel était appelé à nommer des candidats dans
les cantons, et qu'un grand collége, composé des

plus riches électeurs et assemblé au chef-lieu, choisît les représentants parmi ces candidats, la république alors serait aristocratique, et ce serait, suivant moi, la meilleure combinaison. La classe riche, à laquelle ce mode donne la prépondérance, est celle qui offrirait le plus de garanties au pays pour la conservation et la stabilité du gouvernement établi, parce qu'elle est plus intéressée à éviter des troubles et des changements nuisibles à sa fortune, et parce qu'elle est en général plus éclairée, à raison de l'éducation plus soignée qu'elle peut procurer à ses membres. Entrer dans cette voie, c'est appliquer à la société générale les principes que les sociétés privées, si habiles à connaître leurs vrais intérêts et à agir en conséquence, appliquent constamment à leur organisation : car, dans les associations pour une entreprise quelconque, la société confie en général l'administration à ceux qui ont le plus d'actions, et, lors des assemblées générales, il arrive le plus souvent que ceux qui ont un certain nombre d'actions y sont seuls admis, et que les votes sont comptés en raison du nombre d'actions que l'actionnaire possède. Si l'élection était faite seulement par ceux qui paient un certain cens d'impôt, au dessus de 200 fr., par exemple, tous avec une voix égale, la classe moyenne serait maîtresse de l'élection : car, plus le cens est faible, plus le nombre de ceux qui le paient est considérable. On peut se représenter les cotes d'impôt placées par degrés comme une pyramide : à mesure qu'on descend, la base s'élargit. Le nombre des imposés qui paient, par exemple, de 2 à 400 fr. surpasse de beaucoup le total des imposés des degrés supérieurs ; ils sont donc maîtres de l'élection, et le gouvernement de l'état se trouve alors entre les mains de la petite bourgeoisie : c'est l'état démocratique. Enfin, si l'on admet le suffrage universel direct avec toutes les voix égales, le nombre des pauvres étant plus considérable que celui des deux autres classes, c'est le peuple, pris dans le sens restreint, qui domine l'élection, et qui par conséquent donne la direction aux affaires de l'Etat : ce qui constitue une république démagogique. Ce n'est point parce que le peuple gouverne, que ce gouvernement est le plus dangereux : car le peuple ne gouverne jamais par lui-même, et en est incapable ; mais parce qu'il est mené par des brouillons, des intrigants, des ambitieux, qui le flattent et le trompent, qui travaillent toujours à étendre ses droits pour s'en emparer et s'en servir à leur profit, qui gouvernent en son nom et cherchent dans les révolutions et les bouleversements les occasions de sortir de leurs mauvaises affaires, et de s'élever en retournant la société du bas en haut. Je remarquerai toutefois que ce mode d'élection démagogique est plus favorable à l'aristocratie que l'élection démocratique où domine la petite bourgeoisie. La classe riche, par l'influence qu'exercent les grands propriétaires sur les paysans, les grands industriels sur les ouvriers, les riches négociants, banquiers, etc., sur leur clientèle, dans les villes, a plus de chances avec le suffrage universel d'avoir une part dans le gouvernement qu'avec le monopole électoral des bourgeois, dont l'égoïsme, incapable de grandes vues et d'ardeur pour les grands intérêts du pays, ne songe qu'à garder ses voix pour soi, ou à les vendre au ministère pour des places ou des faveurs locales.

Je ne me dissimule point tout ce qu'il y a d'extraordinaire, tout ce qu'il y a de choquant pour les générations actuelles dans les idées que je viens d'exposer. Se prononcer pour l'aristocratie, même en la définissant d'une manière conforme aux vues de l'époque, attaquer la démocratie, c'est une audace insensée. Je sais que ceux qui, instruits par l'étude de l'histoire de tous les temps et par les expériences faites de nos jours, ont appris à connaître et à redouter la démocratie, et qui s'en déclarent les adversaires, sont regardés avec dédain comme des hommes rétrogrades, qui ont pu être bons pour leur temps, mais qui ne sont pas à la hauteur de l'esprit du siècle. Avant d'en venir à un examen approfondi de la démocratie, je veux faire une réflexion sur le progrès et sur ce qu'il peut être en ce moment. Après les journées de février, nous nous sommes élancés d'un seul bond aux extrêmes limites de la démocratie, et même au delà. Nous ne pouvons avancer plus loin sans donner dans les plus funestes excès, et, sur plus d'un point même, cela est tout à fait impossible. Que faire alors? Si nous restons en place, on nous traitera de bornes. Si donc nous voulons marcher, il faut que ce soit en arrière et en revenant sur nos pas: l'on doit dans ce cas être rétrograde; la réaction, dans cette situation, c'est le progrès.

De la démocratie.

J'ai déjà remarqué que beaucoup de divisions furieuses et de querelles sanglantes avaient eu pour cause en religion et en politique des interprétations diverses de mots mal définis. J'ai signalé comme une des sources de nos malheurs la confusion qu'on a faite, pour lui appliquer la souveraineté, entre le peuple qui est seulement une classe de la nation et le peuple qui est toute la nation, *le peuple français*. Les mots *liberté* et *démocratie* ont été le sujet d'erreurs semblables et funestes. On a confondu la liberté avec l'autorité: la liberté qu'on demandait pour le peuple, c'était l'autorité; le peuple n'était pas libre tant qu'il ne gouvernait pas. Quant à la démocratie, on s'est habitué à regarder ce mot comme synonyme de peuple pris dans son sens le plus restreint. Ainsi, aimer ou haïr la démocratie, c'est aimer ou haïr le peuple:

d'où l'on a signalé les adversaires de la démocratie
comme les ennemis du peuple. La démocratie, c'est,
suivant l'étymologie grecque du mot, le pouvoir ou
le gouvernement du peuple. L'on peut donc aimer
le peuple sans aimer la démocratie; et je pense même
que, plus on souhaite le bonheur du peuple, plus on
haïra la démocratie : car le peuple n'est jamais plus
malheureux que quand il s'empare du pouvoir. Le
peuple ne peut gouverner lui-même, et c'est en son
nom qu'on l'opprime. Les ennemis de la démocratie
sont donc plutôt les amis que les ennemis du peuple, et l'on peut même assurer qu'il n'y a pas
d'ennemis du peuple : tout le monde désire l'amélioration du sort des classes pauvres; la charité du
chrétien, l'humanité du philosophe, la bonté na-
turelle du cœur qui s'afflige du spectacle du malheur,
l'intérêt personnel enfin, car l'aisance générale est
une source de richesse pour les producteurs, tout
s'accorde pour inspirer un ardent désir d'améliorer
le sort du peuple. Mais les moyens sont difficiles à
trouver, et nous venons de voir à Paris et dans d'autres grandes villes qu'on s'éloigne du but à mesure
qu'on veut s'en rapprocher davantage. Le meilleur
moyen n'est certainement pas de le mettre à la tête
du gouvernement : car le trouble et l'agitation qui
sont la suite nécessaire de la démocratie sont au contraire le plus grand obstacle au seul moyen qui puisse
alléger le mal, à la tranquillité et à la confiance, qui

peuvent seules ramener les dépenses des riches et le travail des pauvres, inséparablement unis ensemble. La démocratie ne serait pas si redoutable si elle pouvait rester renfermée dans ses justes limites; mais elle dégénère inévitablement en démagogie, et la transition n'est pas longue dans notre pays. Les mêmes arguments, puisés dans les doctrines d'égalité absolue, qui ont servi à la classe bourgeoise à expulser la classe riche et à s'emparer du gouvernement, sont bientôt employés contre la classe bourgeoise par la classe populaire, pour l'expulser à son tour et se saisir de la direction des affaires. Ainsi la démocratie conduit bientôt à la démagogie. Une fois lancés sur cette pente terrible, on ne peut plus s'arrêter, ni retenir le char qui va se précipiter dans l'abîme. La démagogie est toujours accompagnée de l'anarchie : ceux à qui on dit sans cesse qu'ils sont souverains refusent d'obéir à ce qui contrarie leur volonté ou leurs intérêts. L'autorité n'a plus ce prestige de supériorité dont elle a besoin; elle est faible par son organisation même, et, de plus, exercée par des hommes nouveaux pris dans leurs rangs, elle n'inspire point de respect et n'impose pas. L'agitation et le désordre des esprits livrent le pays à des troubles qui dégénèrent bientôt en luttes sanglantes et en guerres civiles, contre lesquelles on est trop heureux de chercher un abri dans le despotisme : c'est la marche invariable dans tous les temps. Les générations nouvelles, qui n'ont reçu les cruelles leçons dont leurs pères ont été témoins que de l'histoire (où même elles n'ont pas toujours été les chercher), viennent aussi de recevoir elles-mêmes ces leçons et les ont apprises en peu de temps par un soin particulier de la Providence. L'expérience a été, pour ainsi dire, réduite pour elles en élixir et resserrée sous le plus petit volume, et elles ont pu faire rapidement une étude approfondie de la démocratie et de ses effets dans ce court résumé du livre des destins. Toute la série des catastrophes qui se succèdent à la suite de la démocratie a été déroulée devant nos yeux en quatre mois. Un gouvernement a été donné à la France, qu'on a intitulé démocratique ; on lui a bientôt donné pour base des institutions démagogiques ; l'anarchie a suivi de près, les troubles ont éclaté en divers lieux, et l'on a sans cesse entendu parler d'émeutes : émeutes des amis du désordre pour piller et incendier ; émeutes des amis de l'ordre pour chasser leurs commissaires ou sous-commissaires ; émeutes des populations contre les impôts ; puis collisions sanglantes entre les ouvriers d'un côté, la garde nationale et l'armée de l'autre ; enfin les terribles batailles de la guerre civile. Le résultat qui a suivi a été comme à l'ordinaire la dictature ou le despotisme temporaire demandé à grands cris et accueilli avec transport. Nous pouvons comprendre à présent comment il s'est fait que nos pères si enthousiastes de la liberté, pour laquelle ils ont combattu et vaincu avec tant d'ardeur , aient, sitôt après, accepté et même sollicité le despotisme de Bonaparte, et pourquoi ce même dénouement a presque toujours clos les républiques démocratiques. A voir la satisfaction qui s'est peinte sur tous les visages lors de la déclaration faite à l'Assemblée que l'état de siége serait prolongé longuement, il semblerait que, lorsqu'on a goûté quelques moments les douceurs de la liberté démocratique, on ne peut plus se sentir respirer à l'aise que sous le despotisme.

Si quelques hommes, plus constants à leurs premiers principes, rejetaient ces idées démocratiques qui ont pris tant d'extension depuis quelques années, c'est qu'ils savaient ce qui était contenu sous cette enveloppe ; c'est qu'ils voyaient le fruit dans la fleur, la plante vénéneuse dans le germe ; c'est qu'ils apercevaient sous les dehors séduisants et à travers la surface brillante de ces théories libérales et démocratiques la mortelle démagogie renfermée dans leur sein et prête à faire explosion. Les enfants et les ignorants sont attirés par la forme arrondie et le poli luisant de cette boule de fer, et s'en approchent pour s'en faire un jeu, parce qu'ils ne savent pas, comme l'homme expérimenté qui s'en éloigne, qu'elle renferme la foudre prête à éclater. L'on a paru penser que, quand la démocratie serait un mal, c'était un mal inévitable. M. Royer-Collard disait que la démocratie coulait à pleins bords ; un homme de talent, qui l'a étudiée en Amérique, sans décider alors qu'elle était un bien, la présentait comme une nécessité : c'était, disait-on, l'esprit du siècle. Ce siècle était composé de bien peu d'années, car dans les quatorze premières années du XIXe siècle la démocratie était peu en honneur : c'était donc seulement l'esprit du moment. Mais ce n'était pas en lui cédant, c'est en lui résistant qu'on pouvait préserver la société du danger qui la menaçait ; c'est par les lois qui placent la puissance dans telle ou telle classe qu'on pouvait ou arrêter la démocratie ou la pousser en avant. On aima mieux suivre le torrent que de lui opposer des digues ; cela était plus facile et exigeait moins d'efforts, mais le résultat devait être de se précipiter dans le gouffre avec lui. L'on avait déjà une fois suivi cette marche en France, et les effets répondirent à ce qu'on devait en attendre ; mais on acquit en même temps la preuve que cet esprit démocratique n'avait pas jeté de si profondes racines dans les esprits et n'était pas si indomptable qu'on le supposait. Les idées démocratiques avaient fait des progrès continuels en France dans la seconde moitié du XVIIIe siècle, et elles n'y furent jamais si générales qu'en 1789 et durant les années suivantes. Mais leur destinée est de faire toujours des progrès, tant qu'elles restent un système théorique ; puis, d'en faire de si rapides, dès qu'elles deviennent un fait

pratique , qu'elles disparaissent bientôt dans la tem-
pête qu'elles déchaînent : l'on dirait qu'il suffit de les
voir à l'œuvre pour s'en dégoûter, et il n'y a pas de
passion que la possession éteigne plus vite. Aussi, au
bout de peu d'années, la France ne voulait plus des
idées démocratiques. Sous le Directoire , la plupart
des départements choisissaient leurs députés parmi
les hommes qui leur étaient le plus contraires. Là
France accueillait avec une faveur marquée les ou-
vrages des écrivains les plus opposés à ces idées ,
MM. De Maistre et De Bonald ; et les seuls journaux accrédités étaient le *Journal des Débats,* la
Quotidienne et la *Gazette de France,* qui combattaient
chaque jour ces opinions avec autant d'ardeur que
de talent. Bonaparte tira parti de ces dispositions ;
trouva presque toute la nation complice de son dédain pour les idéologues , et, profitant de cette répugnance pour la démocratie , il parvint à confondre
dans la même proscription la liberté , qui n'a en réalité rien de commun avec elle , et qui trouve même
de plus solides garanties sous une autre forme de
gouvernement, ainsi que le prouve l'Angleterre. A
l'avénement de la Restauration , la démocratie ne
coulait donc pas à pleins bords : elle était négligée
et même oubliée depuis long-temps. La Restauration
rendit à la France la liberté, bienfait trop tôt oublié
par ceux qui faisaient profession d'être les plus ardents amis de la liberté. Mais il n'était pas néces-

saire de l'appuyer sur des lois démocratiques. La re-
naissance de la démocratie fut due à ces lois, à
quelques hommes qu'un génie éminent conduisait
brillamment à des idées fausses, au désir du changement et à la réaction contre les idées qui dominaient sous l'Empire, enfin à l'esprit d'opposition, si
séduisant et si puissant dans notre pays. La révolution de 1830 vint donner plus de cours aux idées démocratiques; et bientôt, par je ne sais quel vertige
(lequel entrait sans doute dans les vues de la Providence, qui jugeait que le monde avait besoin d'une
nouvelle et grande leçon), elles acquirent plus de
vogue qu'elles n'en avaient eu depuis 1789, et cet
effet se fit sentir, non seulement en France, mais
encore dans toute l'Europe. Ce fut dans toutes les
classes et dans toutes les opinions une espèce de fureur et de défi à qui porterait le plus haut le drapeau démocratique. Les génies les plus capables
(mais malheureusement en fait de théories seulement), les plumes les plus brillantes, poètes, savants, prêtres déchus, romanciers, historiens,
prédicateurs, exaltèrent à l'envi la démocratie,
quelques uns même la démagogie et le socialisme.
L'on vit aussi un journal légitimiste de Paris, rédigé
par des hommes de talent, et les gazettes de province auxquelles il donnait l'impulsion, se jeter dans
la voie démocratique et y entraîner les jeunes générations royalistes, qui, séduites par ce que les idées

libérales offrent de plus noble et de généreux dans
les théories, sentent plus qu'ils ne pensent et pren—
nent leur opinion dans leur cœur plutôt que dans la
tête, disposition louable quand il ne s'agit pas des
affaires de l'État. Je dois rendre justice, quoique opposé à ses principes sur ce point, à l'écrivain distingué qui était à la tête de ce mouvement; son courage intrépide et sa persévérance à soutenir, dès les
premiers temps de la révolution de février, le dogme
de la légitimité, et à n'admettre la république qu'avec
un chef héréditaire, a prouvé que ses erreurs étaient
dues à une forte conviction, mais qu'il était loin des
idées révolutionnaires ainsi que de toutes vues d'ambition personnelle, et qu'il avait toujours mérité
l'estime des honnêtes gens. La démocratie obtenait
dans le même temps une nouvelle classe de prosé-
lytes. Le parti catholique se rangea hautement à ces
idées, et s'aperçut, pour la première fois depuis dix-
huit cents ans, que les idées démocratiques étaient
les seules conformes aux préceptes de l'Evangile. La
plupart de nos vénérables évêques publièrent leurs
instructions dans ce sens, et on accueillit avec faveur
la république comme une émanation de l'Evangile,
qui pouvait réclamer, comme lui appartenant, les
mots sacramentels *Liberté*, *Égalité*, *Fraternité*. Jamais, assurément, le clergé français n'a été plus
digne d'estime et de vénération que de nos jours;
personne ne professe plus d'admiration que moi pour

ce corps d'évêques si distingué par ses vertus, sa piété, son désintéressement, ses talents et son strict attachement à tous ses devoirs, ce corps où l'on trouverait des saints, et même, hélas! des martyrs. Mais je pense que, croyant agir dans le plus grand intérêt de la religion, ils se sont trompés quand ils ont fortifié des doctrines de désordre au lieu de les combattre, et ont placé la démocratie sous la recommandation de l'Evangile. Je ne vois pas sur quel fondement l'on peut appuyer cette opinion. Assurément Jésus-Christ a voulu donner à son Eglise le meilleur gouvernement possible, et cependant le gouvernement de l'Église n'a rien de démocratique : le pape, les cardinaux, les archevêques, les évêques, les chanoines, et une hiérarchie entre les autres prêtres, toutes les congrégations religieuses soumises à des chefs absolus, voilà certes une organisation monarchique et aristocratique ; et si l'Evangile était démocratique, ce seraient les calvinistes qui, par leur organisation, en seraient le plus près, ainsi que c'est leur prétention. La religion catholique a bien vécu avec le despotisme des empereurs grecs, avec Clovis, avec Charlemagne et la féodalité, avec saint Louis et Louis XIV ; avec les républiques italiennes et du moyen âge démocratiques et aristocratiques, comme avec les monarques absolus de l'Espagne, et Philippe II particulièrement ; avec tous les gouvernements enfin, sans leur reprocher d'être infidèles à l'esprit démocratique de l'Evangile. Quand Dieu a dit au peuple : Rendez à César ce qui est à César, le sens de ces paroles n'était point : Vous êtes souverain et c'est à vous de gouverner. La *liberté* que proclame l'Evangile, ce n'est pas celle dont on veut faire l'autorité, c'est celle qui est assurée à tous les citoyens dans les monarchies représentatives comme dans les républiques bien organisées ; et l'on peut remarquer que cette liberté n'a jamais été assurée à un peuple d'une manière plus solide et plus stable que par l'aristocratique et hérétique Angleterre. L'*égalité* de l'Evangile est l'égalité devant Dieu, comme celle de nos chartes est l'égalité devant la loi, mais elle n'a aucun rapport avec le nivellement démocratique dans ce monde. Quant à la *fraternité*, elle ne peut sans doute avoir de meilleur modèle que la sublime charité de l'Evangile et l'admirable précepte de l'amour du prochain ; mais elle commande d'aimer le peuple, de soulager ses misères, d'améliorer son sort, et non point de le faire roi et de l'appeler à gouverner. Je me suis un peu étendu sur cette opinion nouvelle d'une partie du clergé, parce que je regarderais comme très nuisible à tous les peuples d'accorder à la démocratie, qui a fait et fait encore tant de victimes, une source si sacrée. Ce concours de tant d'opinions, qui sont venues depuis dix-huit ans grossir le courant des idées démocratiques, devait le rendre plus impétueux et nous conduire où nous sommes arrivés. La propagande française a étendu, comme elle y travaillait depuis fort longtemps, ces principes dans la plupart des pays de l'Europe, où ils ont gagné jusqu'aux têtes les plus élevées ; et vingt états d'Italie et d'Allemagne descendent aujourd'hui la pente fatale avec plus ou moins de rapidité, mais sans espoir de s'arrêter, à moins que nous ne leur en donnions l'exemple. Dans ce vertige général, je répéterai que c'est à la confusion opérée par un mot mal défini qu'il faut attribuer le mal. J'en trouve la preuve dans l'excellent discours de M. de Montalembert à l'Assemblée nationale, sur la prise de possession des chemins de fer par l'État. Il a expliqué quel est pour lui *le véritable sens du mot démocratie*; il se demande si c'est *l'affranchissement de l'individu*, et alors seulement *il voit un progrès dans le triomphe de la démocratie, et il ne l'accepte que comme l'émancipation de l'individu.* Et moi aussi je veux du fond du cœur l'affranchissement et l'émancipation de l'homme du peuple, c'est-à-dire sa complète liberté et l'amélioration de son sort ; je désire pour lui non seulement le nécessaire, mais l'aisance, et, s'il était possible, la poule au pot rêvée par un roi, et non par un démocrate. Mais tout cela n'est point le pouvoir et l'autorité du peuple, ce n'est point la direction des affaires de l'Etat remise aux mains du peuple. Je suis donc démocrate comme M. de Montalembert, j'accepte sa démocratie, et j'éprouve une vive satisfaction de ne me plus trouver en opposition avec un esprit si distingué. C'est sans doute dans ce même sens de l'intérêt pour le bien-être du peuple et son affranchissement, que les royalistes, les catholiques et le clergé ont compris le mot *démocratie ;* et, si par l'emploi du mot ils ont contribué au progrès des idées démocratiques, fortifiées de leur adhésion , ils n'ont été du moins que les complices involontaires du triomphe de la démocratie réelle, qui veut placer le peuple sur le trône.

Je ne terminerai point cet article de la démocratie sans répondre à une objection qui se présente à tous les esprits. J'ait dit qu'une république démocratique était impossible dans un grand état, et que les nations anciennes ou modernes n'en avaient point essayées qui n'ait bientôt péri dans les convulsions et les révolutions, conduite par l'anarchie au despotisme. On cite alors les Etats-Unis d'Amérique. Je ferai observer d'abord que les Etats-Unis ne forment point un grand état, mais un état fédératif, un composé de plusieurs états qui se gouvernent eux-mêmes; c'est une confédération qui, comme toutes les autres, n'a pas de souverain, mais qui ne représente pas dans son ensemble une république démocratique. La confédération germanique se compose de diverses monarchies. En Suisse, elle était formée de cantons aristocratiques et de cantons démocratiques ; en Hollande, de provinces où l'élément aristocratique en-

trait pour beaucoup. C'est donc dans chaque état
pris à part qu'il faut chercher en Amérique une république démocratique. Ce que j'ai dit des grandes nations n'est donc pas applicable ici ; et peut-être même chaque état particulier est-il moins un seul état
qu'un composé de plus petits états confédérés, de diverses communes qui font elles-mêmes leurs affaires :
car ils s'entendent mieux dans ce pays en liberté républicaine, et savent qu'elle ne peut exister avec la
centralisation. Là chaque ville, chaque commune se
gouverne soi-même, et forme comme une petite république à part ; leurs délégués n'ont à s'occuper à
l'assemblée générale de l'état que d'un petit nombre
de points qui intéressent la confédération. L'organisation démocratique ne s'applique donc en Amérique
qu'à la plus petite des républiques, à la commune, ce
qui n'a aucun rapport avec la France, où la centralisation décide tout à Paris. Il y a beaucoup d'autres
différences qui rendent impossible toute comparaison entre les Etats-Unis et les nations anciennement
civilisées de l'Europe, la France particulièrement.
C'est de la forme de gouvernement qui l'a longtemps
régie qu'une nation reçoit ses coutumes, ses habitudes, ses idées, ses mœurs enfin ; il est très difficile de
changer ces mœurs pour les adapter à une autre
forme de gouvernement. Les Etats-Unis n'ont pour
ainsi dire jamais eu ni changement à faire dans leurs
habitudes, ni révolution dans leur gouvernement. Des

colons se sont établis sur de vastes terres sans propriétaires, et ont formé de petites sociétés avec leurs
voisins. La population s'est accrue ; mais d'immenses
terrains à défricher augmentaient le nombre des propriétaires, et le travail était assuré à tous. La démocratie était établie là naturellement et par la force des
choses ; il n'y avait même pas d'éléments pour toute
autre forme de gouvernement, car il n'y avait ni noblesse ni populace : la démocratie était ainsi préser-
vée des plus grands dangers qu'elle ait à redouter, et
l'on ne voyait pas se dresser derrière elle le spectre
effrayant de la démagogie. C'était en réalité un as-
semblage de petites républiques, quoiqu'elles eussent
un roi à Londres. L'affranchissement de l'autorité de
l'Angleterre et l'établissement de la république ne
fut point une révolution pour ces divers pays, et fit
très peu de changements à l'état des choses. Ils
continuèrent à se gouverner comme auparavant, et
seulement ce fut de Washington, et non plus de
Londres, qu'ils attendirent la solution des questions
générales de paix ou de guerre, de douanes, etc.
Ajoutez à cela que les Etats-Unis, n'ayant point de
voisins, étaient encore préservés d'un des plus grands
dangers des républiques démocratiques, danger qui
les a conduites jusqu'ici à une mort certaine, les armées permanentes. Quelle comparaison peut-on faire
de l'état stable d'un tel pays et de l'harmonie de ces
éléments nouveaux avec les bouleversements conti-

nuels de la France et le choc inévitable de vieux éléments disparates et discordants? L'on voit que la
jeune république fédérale d'Amérique n'est pas une
exception à la loi de l'impossibilité des républiques
démocratiques dans un grand état de la vieille Europe.

———

Je n'ai point l'intention d'examiner en détail tous
les articles du projet de constitution présenté à l'Assemblée nationale; il faudrait des volumes pour traiter toutes les grandes questions qui s'y rattachent.
Mon but a été seulement de prouver d'abord qu'une
constitution assise sur des bases démocratiques avait
toujours été et serait toujours fatale à la France; ensuite que le projet de constitution proposé à l'Assemblée nationale reposait sur des bases démocratiques et même démagogiques. J'ai déjà commencé
cette démonstration, et la comparaison de la constitution qu'on nous propose avec les deux constitutions
de 1793 et de l'an 3 suffira pour l'achever. Toutes
deux sont l'œuvre de la Convention nationale, et ne
peuvent pas être soupçonnées de n'être pas démocratiques. La première, proposée par Robespierre,
fut adoptée par la Convention à l'époque de son ardeur la plus violente et la plus terrible pour la démagogie; la seconde, présentée par Boissy-d'Anglas,
fut adoptée par la Convention, éclairée par sa propre

expérience, mais toujours animée de la ferveur républicaine, puisqu'elle venait de choisir pour président Chénier, dont cette constitution porte la signature. Je ne parle pas de la constitution du Consulat, peu démocratique, quoique préparée par le fameux Syéiès. On invente peu dans ce monde. La commission de constitution avait à choisir entre les deux constitutions républicaines de la Convention: laquelle a-t-elle prise pour modèle? L'on va en juger.

Voici les principaux articles de la constitution de 1793, mis en regard avec ceux de la constitution qu'on nous propose.

PROJET DE CONSTITUTION PROPOSÉ.

Les devoirs de l'homme en société se résument....
et dans la pratique fraternelle de cette maxime : Ne
faites pas à autrui ce que vous ne voudriez pas qu'on
vous fît ; ce que vous voulez que les hommes fassent
pour vous, faites-le pour eux.

L'égalité consiste dans l'admissibilité de chacun à
tous les emplois publics sans autre motif de préférence
que la vertu et le talent.

La propriété consiste dans le droit d'agir et de disposer de ses biens, de ses revenus, des fruits de son
travail, de son intelligence et de son industrie.

Le droit à l'instruction est celui qu'ont tous les citoyens de recevoir gratuitement de l'Etat l'enseignement.

Le droit au travail est celui qu'a tout homme de
vivre en travaillant ; la société doit fournir du travail
aux hommes valides qui ne peuvent s'en procurer au-
trement.

La France est une République démocratique, une et
indivisible.

La souveraineté réside dans l'universalité des ci-

CONSTITUTION DE 1793.

La limite morale de la liberté est dans cette maxime : Ne fais pas à un autre ce que tu ne veux pas qui te soit fait.

Tous les citoyens sont également admissibles aux emplois publics ; les peuples libres ne connaissent d'autres motifs de préférence dans leurs élections que les vertus et les talents.

Le droit de propriété est celui qui appartient à tout citoyen de jouir et de disposer à son gré de ses biens, de ses revenus, du fruit de son travail et de son industrie.

L'instruction est le besoin de tous. La société doit mettre l'instruction à la portée de tous les citoyens.

Les secours publics sont une dette sacrée ; la société doit la subsistance aux citoyens malheureux, soit en leur procurant du travail, soit en assurant les moyens d'exister à ceux qui sont hors d'état de travailler.

La République française est une et indivisible.

La souveraineté réside dans le peuple. Elles est une

toyens français. Elle est inaliénable et imprescriptible. Aucun individu , aucune fraction du peuple ne
peut s'en attribuer l'exercice.

Le peuple français délègue le pouvoir à une assemblée unique. Elle est permanente.
L'élection a pour base la population.

Le suffrage est direct et universel.

Sont éligibles, sans condition de cens ni de domi-
cile, tous les Français âgés de 25 ans, et jouissant de
leurs droits civils et politiques.
Les membres de l'Assemblée nationale sont les représentants , non du département qui les nomme ,
mais de la France entière.
Les représentants du peuple sont inviolables. Ils
ne pourront être recherchés, ni accusés, ni jugés, en
aucun temps, pour les opinions qu'ils ont émises
dans le sein de l'Assemblée nationale.
Les conseils généraux et les conseils municipaux
sont élus par le suffrage direct de tous les citoyens
domiciliés dans le département ou dans la commune.

Les juges de paix et leurs suppléants sont élus au
chef-lieu de canton par le suffrage direct de tous les
citoyens domiciliés dans le canton.

-et indivisible, imprescriptible et inaliénable. Aucune portion du peuple ne peut exercer la puissance du peuple entier. Le peuple souverain est l'universalité des citoyens français.

Le corps législatif est un, indivisible et permanent.

La population est la seule base de la représentation nationale.

Chaque citoyen a un droit égal de concourir à la formation de la loi et à la nomination de ses mandataires ou de ses agents.

Tout Français exerçant les droits de citoyen est éligible dans l'étendue de la République.

Chaque député appartient à la nation entière.

Les députés ne peuvent être recherchés, accusés, ni jugés, en aucun temps, pour les opinions qu'ils ont énoncées dans le sein du corps législatif.

Les officiers municipaux sont élus par les assemblées de commune. Les administrateurs sont nommés par les assemblées électorales de département et de district.

Il y a des juges de paix élus par les citoyens des arrondissements déterminés par la loi.

La force publique se compose de la garde nationale et de l'armée de terre et de mer. Tout Français, sauf les exceptions fixées par la loi, doit en personne le service militaire et celui de la garde nationale. La garde nationale se compose de tous les citoyens en état de porter les armes qui ne font pas partie de l'armée active. Ils sont soumis en cette qualité à une organisation déterminée par la loi et dont le suffrage direct et universel sera la base.

La force générale de la République est composée du peuple entier. Tous les Français sont soldats ; ils sont tous exercés au maniement des armes.

Il on remarquera la ressemblance entre les deux constitutions dans les articles cités. Il y a sans doute des définitions qui devaient ramener les mêmes mots; mais la similitude exacte des expressions prouve souvent qu'on avait sous les yeux la constitution de 1793 en faisant la nôtre.

La constitution de 1793 diffère de la nôtre sur deux points, qui paraissent plus importants qu'ils ne le sont en effet. Le premier, c'est que la loi votée par le corps législatif doit être proposée à la sanction de la nation ; le deuxième, c'est que le pouvoir exécutif est confié à un conseil composé de vingt-quatre membres. Cette sanction de la nation est réellement illusoire ; car, si dans la moitié des départements plus un, le dixième des assemblées primaires n'a pas réclamé avant l'expiration d'un délai de quarante jours, la loi est censée acceptée. Qui peut douter que ce ne fût presque toùjours le cas ? Quant au conseil exécutif composé de vingt-quatre membres, il provient d'une élection à trois degrés, ce qui n'expose pas du moins aux chances singulières, et qu'on ne peut pas prévoir, que peut amener pour nous l'élection d'un président par le suffrage universel direct. Je ne sais d'ailleurs si on trouvera dans un président le préservatif qu'on cherche contre l'effet des idées démagogiques qui dominent dans la constitution proposée. Quelle est la force d'un président contre une assemblée unique ? L'on a vu en 1792 le résultat inévitable de cette position ; et cependant c'était un roi héréditaire, et non pas un président temporaire, qui était opposé à une assemblée unique. Le président n'offrirait de ressource contre l'anarchie que par la facilité qu'il présente de s'en délivrer par le despotisme. La nouvelle constitution cherche encore un préservatif dans l'invention d'un conseil d'état, qui prouve seulement qu'on sentait les dangers d'une seule chambre, mais qu'on ne savait pas s'en garantir, car ce conseil pourrait encore moins que le président résister à une assemblée unique et toute puissante. Du reste l'on a pu s'apercevoir que notre constitution est, sur quelques points, encore plus avancée que celle de 1793 : car le droit au travail y est établi d'une manière beaucoup plus explicite, et, sur le droit de recevoir gratuitement l'enseignement, le mot important *gratuitement* n'est pas dans la constitution de 1793.

Comparons à présent notre constitution à celle de l'an 3.

La constitution de l'an 3 reconnaît quatre droits : la liberté, l'égalité, la sûreté, la propriété. Pour être citoyen français il faut payer une contribution directe, foncière et personnelle. Tous les citoyens français votent dans les assemblées primaires. L'élection est à deux degrés ; les assemblées primaires nomment des électeurs. Nul ne peut être nommé électeur s'il n'est propriétaire ou locataire d'un bien produisant un revenu, qui varie suivant la population, mais dont le minimum pour les propriétaires doit être égal à la valeur de 150 journées de travail. Le pouvoir législatif est partagé entre deux conseils. Le pouvoir exécutif est nommé à deux degrés par le corps législatif, le Conseil des cinq cents proposant des candidats entre lesquels choisit le Conseil des anciens. L'administration départementale est nommée par les assemblées électorales, composées, ainsi qu'on l'a vu, de propriétaires et de fermiers. La garde nationale se compose de français qui paient une contribution directe. Enfin la constitution de l'an 3 ne place point parmi les droits, comme celle de 1793 et comme celle qui nous est proposée, le droit de s'assembler et de s'associer; mais au contraire elle défend, en termes exprès, aux assemblées de citoyens de se qualifier de société populaire, de correspondre avec une autre, de s'affilier à elle, de tenir des séances publiques composées de sociétaires et d'assistants distingués les uns des autres, d'imposer des conditions d'admission ni de s'arroger des droits d'exclusion. Si, en examinant la constitution de 1793, nous avons retrouvé les sources où ont été puisées les principales dispositions de la nôtre, nous avons pu remarquer, en parcourant celle de l'an 3, avec quel soin scrupuleux l'on a repoussé toutes les garanties que la Convention avait cherché à établir en 1793 contre les tendances démagogiques dont la France

avait été la victime : les droits réduits à quatre, liberté, égalité, propriété, sûreté; l'obligation de payer
un impôt direct pour être citoyen français et en
exercer tous les droits ; les élections à plusieurs degrés ; les assemblées électorales qui nomment les représentants composées seulement de propriétaires et
de fermiers ; le pouvoir législatif partagé en deux
conseils ; le pouvoir exécutif nommé à deux degrés
par le corps législatif; les clubs interdits. Et cependant
cette constitution de l'an 3 (quoi qu'elle n'ait pas,
comme la nôtre, établi par un article spécial que la
république était démocratique) était assez démocratique avec son pouvoir exécutif partagé entre cinq
membres, ses administrations départementales à l'é-
lection, et l'élection partout ; mais elle n'était pas
démagogique. La commission de constitution a préféré l'œuvre de Robespierre à l'œuvre de Boissy-
d'Anglas.

Après avoir présenté les rapports qui existent entre le projet de constitution et les deux constitutions
républicaines faites par la Convention, il n'est pas
nécessaire de discuter article par article le projet présenté pour reconnaître la tendance toute démagogique du gouvernement qu'on veut donner à la
France; il suffit pour cela de résumer en peu de
mots les points fondamentaux : la nomination du pouvoir législatif, du pouvoir exécutif, des conseils ad-
ministratifs, par le suffrage universel direct ; l'ad-

mission dans la garde nationale , et l'armement, en conséquence, de tous les Français, sans la condition du plus petit impôt personnel ; le droit proclamé au travail et à l'assistance ; le droit de s'assembler, qui autorise les clubs ; enfin l'Assemblée unique, dont les élans impétueux peuvent avec un vote d'urgence , dans les transports produits par un discours éloquent ou une nouvelle irritante, bouleverser le pays dix fois par an. Je n'entrerai point dans la discussion des avantages d'un corps législatif partagé en deux chambres ou deux conseils ; elle a déjà été commencée dans les bureaux de l'Assemblée et promet d'être approfondie par les esprits les plus capables quand cette question sera abordée à la tribune publique. Je remarquerai seulement à ce sujet combien il faut que M. Cormenin soit effarouché de l'aristocratie, ou même de son ombre, pour trouver dans la combinaison de deux chambres un certain vestige d'aristocratie. L'on peut voir dans la constitution de l'an 3 quels sont les priviléges qui distinguent cette chambre haute, nommée le Conseil des anciens, de la chambre basse, appelée le Conseil des cinq cents. La seule distinction qui sépare les membres du Conseil des anciens de ceux de l'autre Conseil, c'est d'avoir 40 ans au lieu de 30, privilége aristocratique qui sera peu envié, et d'être mariés ou veufs, ce qui est éminemment aristocratique.

Dans la discussion de tous les articles, on paraît partir d'un faux point de départ. Je reviendrai sur ce sujet important, qui domine toute la question. L'Assemblée semble se regarder comme la suite de quelque chose à quoi elle doit se conformer et se soumettre : comme si elle avait à reconnaître rien de préexistant, comme si elle pouvait admettre aucune obligation, aucunes lois, autres que celles qu'elle s'est imposées à elle-même. L'on a dit, pour appuyer l'instruction gratuite, qu'il n'y avait pas à délibérer sur le principe, parce que c'était une des conséquences de la révolution de février. Continuellement on veut imposer à l'Assemblée des décisions comme des conséquences de la révolution de février. Et qu'a-t-elle fait, la révolution de février, pour avoir tant de conséquences ? Elle a renversé en fait une monarchie qui n'existait qu'en fait, puisqu'elle ne tirait de droit ni de l'hérédité, ni de la nation, qu'on n'avait pas consultée. Qu'avait-elle à faire ensuite ? On avait agi en renversant en vertu du principe de la souveraineté du peuple ; l'on ne pouvait réédifier qu'en vertu du même principe. La place était vide ; il fallait la remplir. Mais, en attendant qu'on eût pris les ordres de la nation, un pouvoir provisoire était nécessaire pour maintenir l'ordre ; le premier venu s'en empara, en vertu de la nomination des premiers-venus. Des mesures d'ordre pour le présent, et la convocation de la nation, tel était le seul droit de ce gouvernement provisoire ; tout le reste fut une usurpation. De cet état de choses, pourrait-on tirer des

conséquences qui soient un engagement pour l'Assemblée régulière, revêtue des pouvoirs de la nation ?
pourrait-on y rien voir qui lui imposât des obliga-
tions ? Non assurément. Pour l'instruction gratuite,
par exemple, est-elle une conséquence nécessaire
de la république proclamée dans la première séance
de l'Assemblée ? Mais l'on sait qu'il y a eu des républiques sans instruction gratuite et obligatoire. Il faut
bien, dit-on, que le peuple sache conduire son gouvernement. Théories ! utopies ! l'éducation primaire
n'apprend point à gouverner, et il est très rare que
l'éducation secondaire parvienne à ce résultat. C'est
le ciel qui donne la science des hautes questions politiques ; cela ne s'apprend pas. Mettez le peuple en
mesure d'élire d'honnêtes gens qu'il connaisse et en
qui il ait confiance, voilà le seul moyen pour lui
d'exercer sa part de concours dans le gouvernement
de l'État.

Que les représentants du peuple sachent bien qu'ils
ne sont engagés en rien par les antécédents anté-
rieurs à leur réunion, qu'ils ont voté simplement la
république, et qu'ils sont les maîtres de donner à la
France une république aristocratique, s'ils la jugent
préférable, comme une république démocratique ;
qu'enfin ils n'ont à consulter que les intérêts et le
bonheur de la nation ainsi que l'esprit et la volonté
de toute la nation. Je crains qu'ils ne se souvien-
nent pas assez des dispositions des provinces, et qu'ils

ne les voient aujourd'hui avec le verre trompeur et
sous le faux point de vue de Paris. Les provinces se
sont prononcées pour la république modérée, pour la
république des honnêtes gens, et très fortement contre
la république démocratique. Ces idées sont en bien
plus grande majorité que ne le croiraient ceux qui
voudraient en juger par la composition de l'Assem—
blée nationale. Car, il faut le dire, l'Assemblée n'est
pas l'expression exacte de l'opinion de la France ; les
opinions ne sont pas partagées dans la nation dans
les mêmes proportions que dans l'Assemblée. Il est
aisé de s'en convaincre en examinant ce qui s'est
passé aux élections. Dans un assez grand nombre de
départements, la pression plus ou moins violente
exercée par les commissaires, et l'influence, constante
dans certaines localités, des autorités de quelque
gouvernement que ce soit, ont fait nommer ces ré—
publicains de la veille si recommandés par ordre de
Paris, et qui n'auraient eu la majorité presque nulle
part sans l'emploi de ces moyens. Les commissaires
eux-mêmes, qui forment une fraction assez notable
dans la chambre, n'auraient point été élus, s'ils n'a—
vaient pas administré le département ou l'arrondis—
sement dans lequel ils s'étaient inscrits eux-mêmes
à la tête des listes de candidats qu'ils imposaient.
Ceux-ci ne représentent certes pas l'opinion des lieux
qui les ont nommés. La plupart des autres départe—
ments n'ont pas envoyé des interprètes plus fidèles

de leur propre opinion ; mais ici du moins c'était vo-
lontairement. Au milieu du premier émoi causé partout par le nom de république, et la république étant
donnée et reçue comme une nécessité qu'il fallait
subir, le mot fut donné de Paris à tous les partis de
s'abstenir de présenter des candidats de leur propre
opinion, et de porter leurs voix sur les républicains
les plus modérés, pour empêcher les hommes ardents
de s'emparer de nos destinées. Il est probable qu'aux
premières élections, si elles sont libres, le résultat ne
sera pas le même, et que la situation des partis dans
l'Assemblée sera changée : les réélections et les élections municipales en sont un indice, ainsi que celles
des conseils généraux.

Il importe peut-être beaucoup plus qu'on ne croit
que l'Assemblée fasse attention à ces circonstances,
d'où elle est sortie, et ne se trompe point sur les dispositions véritables et la volonté de la France. La France n'est plus préparée à accepter aveuglement tout ce
qui lui vient de Paris. Un mouvement marqué a eu
lieu depuis longtemps dans les provinces, et agit
plus fortement depuis la dernière révolution. Il a pris
son origine dès 1830. Une diligence jetait un drapeau dans toutes les villes sur son passage ; on ap-
prenait par la diligence du lendemain à qui on avait
donné sa foi, et, sans plus de cérémonie, sans consulter la France, on décidait de ses destins. Un autre
caprice de Paris a renouvelé le même jeu en février

1848, et la France fut traitée avec encore plus d'in-
solence qu'en 1830 : car il n'y eut même pas l'apparence d'une délibération pour ce changement immense dans l'état de la nation. Il ne s'agissait de rien
moins que de l'abolition de la royauté et de l'établissement de la république, et il suffit alors d'un cri
de l'Hôtel-de-Ville de Paris. Dans tous les départements, les nobles cœurs, les esprits droits, se voyaient
avec une indignation mal comprimée dan cet état de
vasselage, et pensaient qu'il vaudrait encore mieux,
comme autrefois, relever des grands princes féodaux
que de la minorité turbulente de Paris. Ils étaient
humiliés du joug qu'ils subissaient en frémissant, et
les actes du Gouvernement provisoire leur ont encore plus vivement fait sentir ce joug. Cette position
respective de Paris et des provinces a frappé même
les yeux des étrangers. On lit dans la *Revue britannique* du mois de juillet : « Jamais despote ne s'est
» arrogé une autorité plus impérieuse et plus abso-
» lue sur ses esclaves que Paris républicain sur le
» reste de la France. Comparativement à ce tyran
» absolu, les pachas à trois queues de la vieille Tur-
» quie ou de l'ancien mélodrame sont des types de
» modération, de politesse et de douceur. Paris s'é-
» tonnerait profondément que la province s'avisât
» par hasard d'avoir et de manifester une volonté
» qui lui fût propre..... Paris ne veut pas que les
» départements soient autre chose que ses humbles

» satellites ; il leur impose la loi de graviter exclusive-
« ment dans sa sphère, et d'accomplir toutes leurs
» révolutions dans le cercle que leur trace son au-
» guste volonté..... Il y a longtemps que la province
» devrait être faite à tout cela ; mais la prédominance
» de Paris n'a jamais été plus intolérable, jamais sa
» tyrannie n'a été plus pesante, que depuis le jour où
» Paris a installé la république et proclamé le règne
» de toutes les libertés. »

Qu'on examine ce qui s'est passé depuis vingt ans.
La France avait-elle paru réclamer les nouveaux gouvernements dont on lui intimait les ordres et pour lesquels on exigeait son obéissance ? Non ; la France ne
songeait pas plus au duc d'Orléans en juin 1830 qu'à la
république en janvier 1848 ; elle n'avait pas l'intention
d'aller chercher ses maîtres dans les bureaux de tel ou
tel journal, et ne demandait point que l'aigrette placée
sur son noble front ne fût composée que de plumes de
gazetiers : glorieuse destinée pour le peuple le plus
spirituel du monde, comme on disait dans le dernier
siècle, ou pour la grande nation, comme on dit dans
celui-ci ! Aussi le mécontentement qui fermentait
sourdement depuis longtemps bouillonne avec plus
de force et fut dix fois près d'éclater. L'on ne se sentait plus disposé à accorder une obéissance aveugle
aux ordres ni aux agents de ces autorités provisoires ; et surtout on se promit partout, on jura de ne
plus se soumettre aux changements que la force bru-

tale apporterait à Paris dans le Gouvernement. L'on fit plus que promettre, on songea d'avance à assurer l'exécution de ces promesses, et l'on prépara, l'on organisa dans la plupart des villes les moyens de résistance. Cette disposition était générale, et dans tous les départements, même les plus étrangers les uns aux autres, les journaux, d'opinions différentes autrefois, ont signalé la même tendance et donné la même impulsion. Les effets en ont été manifestes au 15 mai et dans les jours de juin. Car, qu'on ne s'y trompe point, dans cet admirable mouvement des provinces, dans cette glorieuse et rassurante unanimité qui a précipité de toutes parts les cohortes nationales sur Paris, ce n'est pas l'ardeur pour la république qui les entraînait : c'était l'ardeur de défendre la liberté de leurs représentants, de défendre leur propre liberté, leurs biens, leur vie même, menacés par les principes et les hommes qui voulaient se saisir du pouvoir ; c'était l'indignation longtemps nourrie dans leur sein contre le joug insolent d'une fraction de Paris, indignation qui débordait de toutes parts, et qui, si l'émeute avait triomphé, aurait entouré Paris d'innombrables armées décidées à isoler l'incendie dans son foyer fumant, ou plutôt à former autour de l'enceinte pestiférée un cordon impénétrable. Et comment les provinces auraient-elles été entraînées d'un mouvement si soudain par une ardeur enthousiaste pour une république qu'elles ne connaissaient pas ?

Croit-on qu'elles veuillent et soient prêtes à aimer toutes les républiques possibles? Non, puisqu'elles s'ar-
maient contre la république démocratique et sociale
qu'un parti avait inscrite sur ses drapeaux. La république qu'on leur propose s'intitule déjà elle-même
démocratique dans le projet de constitution : la France
n'aurait-elle pas raison de s'alarmer et de prévenir
ses représentants contre les principes démagogiques
dont on veut faire sa loi suprême. La différence n'est
entre les deux camps que dans l'addition du mot
sociale : qui peut assurer qu'on n'y arrivera pas en
suivant la pente sur laquelle on veut nous placer !
Ces princpies socialistes, si séduisants pour les classes pauvres qui en ignorent les déceptions, avaient
fait tant de progrès invisibles même sous une royauté ;
n'en feront-ils pas de plus rapides aujourd'hui qu'ils
ont été proclamés du sommet du pouvoir et soutenus
à toutes les tribunes? ne peuvent-ils s'étendre de jour
en jour et pénétrer partout dans les masses populaires ; et ne peut-on pas voir sortir du suffrage universel direct (comme cela a eu lieu aux dernières élections de Paris) ces mêmes principes et ces mêmes
hommes, dont l'effroi a soulevé toute la France comme un seul homme?

Ce que les provinces demandent à l'Assemblée
nationale : c'est de préserver la France de ces dangers ; ce n'est pas une République faite pour la satisfaction des utopistes et des théories démocratiques,

c'est une république dont le seul but soit d'assurer
l'ordre et de ramener la confiance ; c'est une république qui les délivre des chaînes de la centralisation,
de cette centralisation qui a tant contribué à établir
la domination de Paris sur elles, et à faire jouer à
Paris le rôle de Sparte et de Rome, qui avaient fait
des sujets ou même des esclaves des peuples qui les
entouraient. Mais Sparte avait vaincu les Messéniens
et les habitants d'Ilos, Rome avait conquis les pays
voisins. Paris n'a ni vaincu ni conquis les provinces.
Elles réclament donc leur indépendance ; elles con-
sentent à être unies avec Paris, comme dans un fais-
ceau compacte, mais avec des droits égaux : car,
loin de moi toute idée d'un état fédératif. Un journal avait dit après le 15 mai que, si les anarchistes
l'avaient emporté à Paris, les provinces s'en seraient
séparées, chacune d'elles se serait constitué un gouvernement, et elles auraient fait de la France une
fédération. Non, les habitants des provinces sont
trop bons Français pour avoir songé à une forme de
gouvernement qui, en divisant les membres de ce
corps, le réduirait à l'impuissance, et ferait perdre à
la noble patrie, qu'ils aiment et dont ils s'honorent,
son rang dans le monde. Si l'émeute avait triomphé,
chaque province aurait formé un gouvernement provisoire chargé d'y maintenir l'ordre et de l'administrer jusqu'à ce que la nation librement consultée eût

fait connaître sa volonté. Et c'est peut-être ce qui aurait dû avoir lieu après les journées de février, car
chaque province avait, tout autant que Paris, le
droit de se constituer un gouvernement provisoire,
en attendant que la nation eût prononcé sur ses destinées futures. Régler par soi-même ses intérêts lo-
caux, régler par ses représentants librement élus les
intérêts généraux, repousser les nouveaux établis-
sements imposés à Paris par la force brutale et par
une minorité factieuse : voilà la volonté de la France,
car c'est la volonté de toutes les provinces et de la
partie saine de Paris.

Que les représentants du peuple, travaillant sur
un terrain vide et déblayé, sur lequel ils ont seuls le
droit de construire, donnent à la France un gouvernement qui puisse assurer sa prospérité à l'intérieur
et lui faire reprendre son rang à l'extérieur ; que ce
gouvernement, quel qu'il soit, au lieu de se rapetis-
ser, comme on l'a fait, dans l'enceinte très bornée
de son parti, au lieu de donner maladroitement sa
mesure et l'état complet de ses grands hommes, recherche tous les talents sans distinction de parti, et
appelle aux fonctions publiques les hommes les plus
capables et les plus honnêtes gens, sans s'informer
à quelle opinion ils ont appartenu précédemment ;
que les vrais intérêts des peuples cessent d'être sa-
crifiés à des théories qu'il faudrait laisser sur le pa-

pier où elles sont nées ; et la France, libre, calme et heureuse, pourra développer les nombreux éléments de prospérité et de grandeur qu'elle contient dans son sein.